动态股权3轮驱动

从动态分配、动态布局到动态激励

黄治民/著

Dynamic
Equity
3-Wheel
Drive

中华工商联合出版社

图书在版编目（CIP）数据

动态股权3轮驱动：从动态分配、动态布局到动态激励 / 黄治民著. —— 北京：中华工商联合出版社，2024.1

ISBN 978-7-5158-3812-0

Ⅰ.①动… Ⅱ.①黄… Ⅲ.①公司 - 股权 - 分配机制 - 研究 Ⅳ.①F276.6

中国国家版本馆CIP数据核字（2023）第225715号

动态股权3轮驱动：从动态分配、动态布局到动态激励

作　　者：	黄治民
出 品 人：	刘　刚
责任编辑：	于建廷　效慧辉
封面设计：	周　源
责任审读：	傅德华
责任印制：	陈德松
出版发行：	中华工商联合出版社有限责任公司
印　　刷：	三河市宏盛印务有限公司
版　　次：	2024年2月第1版
印　　次：	2024年2月第1次印刷
开　　本：	710mm×1000mm 1/16
字　　数：	240千字
印　　张：	17.5
书　　号：	ISBN 978-7-5158-3812-0
定　　价：	78.00元

服务热线：010-58301130-0（前台）
销售热线：010-58301132（发行部）
　　　　　010-58302977（网络部）
　　　　　010-58302837（馆配部）
　　　　　010-58302813（团购部）
地址邮编：北京市西城区西环广场A座
　　　　　19-20层，100044
http://www.chgslcbs.cn
投稿热线：010-58302907（总编室）
投稿邮箱：1621239583@qq.com

工商联版图书
版权所有　侵权必究

凡本社图书出现印装质量问题，请与印务部联系。
联系电话：010-58302915

前 言

动态股权是大变局时代的呼唤

百年未有之大变局，面对全球经济增长放缓，全球供应链与产业链重新洗牌，国际能源、粮食和工业原材料大宗商品市场波动剧烈，外部环境更趋复杂严峻；经济发展面临需求收缩、供给冲击、预期转弱等多重压力。在经济全球化、供应链纵横交错的当下，任何企业都难以独善其身。外部环境的急剧变化，企业的经营发展也面临着很大的不确定性，原来的组织模式、管理模式、激励模式难以适应内外环境的变化。本书正是为了应对乌卡（VUCA）时代企业经营的变化而作。我们认为动态股权是大变局的呼唤，也是应对企业经营不确定性的必由之路。

静态股权有四大缺陷：形成"躺赢层"、调整难度高、缺乏前瞻性、可能影响控制权；动态股权有几大优势：价值匹配性、调整灵活性、环境适应性、发展前瞻性。动态股权能够顺应产业发展战略、人才发展战略的调整，使企业的股权分配、股权布局、股权激励更具前瞻性、灵活性和适应性。

动态股权应该是全局动态，故此我们提出了"动态股权三轮驱动"模型。一轮驱动股权动态分配和动态布局、二轮驱动股权激励从静态向动态升华，主要包含动态激励模式、动态激励对象、动态授予额度和动态激励收益；三轮驱动动态股权再进化，包含破解股权激励失败的"百慕大三角"，并植入股权艺术和股权文化。

第一章是本书写作的背景以及主要内容框架。

第二章详述动态股权分配，提出了独创的股权分配"五步法"、动态分配三原则和四步骤。

第三章是动态股权布局，讲解了股权布局要以终为始，并通过雷士照明和当当网等案例，总结股权布局的"八大坑"，以及掌握企业控制权的四大方法。

第四章是动态激励模式。本章详述了股权激励模式的"3分法7模式"，以及股权激励模式动态的三方法。其中还分享了"两步确定激励模式"这一简单适用的方法论。

第五章是动态激励对象。本章提出了激励对象确定的四原则以及价值评估的典型办法，另外毫无保留地分享了一个如何打破员工层级界限的实操全景案例。

第六章、第七章分别用案例详解了动态激励额度和动态激励收益。

第八章讲解如何破解股权激励失败的"外三角"和"内漩涡"。我们依据大量的失败案例调查，总结出的股权激励失败的6大原因。

第九章、第十章分别讲解了股权激励的"九定模型"和五大艺术性。股权激励的艺术性是我们独创的内容。

第十一章为股权激励方案的审批程序及文书模板。这是包含实施股权激励的各类程序性文件模板，解决了很多老板手头拿着方案却不知如何实施的难题。

总之，本书从动态股权分配、动态股权布局、动态激励模式、动态激励对象、动态激励额度、动态激励收益等6个方面，通过近40个案例、方案、模板进行了翔实阐述，并从艺术和文化方面剖析了如何破解股权激励失败的"外三角"和"内漩涡"。跨越失败的漩涡，才能达到成功的彼岸。

希望本书能对广大的企业家朋友、创业者和专业人士有所裨益。

黄治民
2023年于北京

目录

第一章 大变局时代呼唤动态股权

第一节 静态股权的四大缺陷和动态股权的四大优势　003
一、静态股权的四大缺陷　003
二、动态股权的四大优势　004

第二节 一图界定动态股权体系　006

第二章 动态股权分配

第一节 什么是股权静态分配　009
第二节 股权静态分配的缺陷　014
第三节 动态股权分配的方案设计　016
一、股权动态分配的原则和步骤　016
二、股权动态调整的设计　017

第四节 股权分配是否妥当的标准　021
一、股权分配是否妥当的四个标准　021
二、是否需要持续进行动态调整　022

第三章 动态股权布局

第一节 兵棋推演股权布局的动态发展　025
第二节 股权布局失衡的"2壮士"　028

第三节　股权布局八大坑　　033
第三节　掌控企业控制权的主要方法　　036
　　一、多层股权结构　　036
　　二、AB股模式　　041
　　三、一致行动人协议　　042
　　四、章程约定　　046

第四章　动态激励模式

第一节　激励模式的"3分法"和"7模式"　　053
　　一、现金模式（虚股）　　053
　　二、股权模式（实股）　　054
　　三、先分钱再分股模式（虚股转实股）　　054

第二节　股权激励的现金模式　　055
　　一、分红权　　055
　　二、增值权　　070

第三节　股权激励的股权模式　　075
　　一、员工持股计划　　075
　　二、股票期权模式　　079
　　三、限制性股票模式　　083
　　四、限制性股票和股票期权的主要区别　　092
　　五、股权激励的虚股转实股模式　　094

第四节　两步确定激励模式　　096
　　一、模式对比"7维度"　　096
　　二、不同激励模式适合的企业　　098
　　三、两步确定激励模式　　100

第五节　模式动态三方式　　102

第五章　动态激励对象

第一节　定人四原则　115
第二节　岗位价值评估　119
　　一、岗位评估排序法　119
　　二、岗位评估因素评分法　121
　　三、美世IPE岗位评估模型详解　135
　　四、海氏岗位评估模型简述　140
第三节　案例：激励对象动态调整方案设计　142
　　一、企业的背景和咨询项目的挑战目标　142
　　二、激励对象的甄选　143
　　三、价值测评　144
　　四、积分应用　148
　　五、以积分作为价值衡量标准的意义　149

第六章　动态激励额度

第一节　上市公司的总量和个量　154
第二节　授予个量常见的四因素　161
　　一、方案：基于股票股利、资本公积转增股本、配股而对激励额度调整　162
　　二、方案：基于业绩而对激励额度的调整　163
　　三、方案：基于特定行为而对激励额度的调整　164

第七章　动态激励收益

第一节　案例：同投资同经营的动态收益　170
第二节　案例：大投资者不经营的动态收益　172

第八章 破解股权激励失败的"百慕大三角"

第一节 百慕大"外三角"：天时、地利、人和　178

一、天时　178

二、地利　178

三、人和　179

第二节 百慕大"内漩涡"：技术、艺术、程序　180

第九章 股权激励的技术性

第一节 定授予价格　185

一、上市公司激励股票的定价　185

二、非上市公司激励股权的定价"六法"　186

第二节 定时期安排　191

一、实施股权激励计划的决策　191

二、实施股权激励计划的时间　192

三、授予、锁定与限售、行权与解除限售、禁售期的选择　193

四、授予时机的选择　195

第三节 定股权来源　196

一、上市公司激励股份来源　196

二、非上市公司激励股份来源　197

第四节 定持有方式　198

一、非上市公司的持有方式　198

二、上市公司的持有方式　202

第五节 定退出机制　203

一、上市后通过二级市场退出　203

二、被并购或融资时以收购或融资价格退出　204

三、通过上市母公司平台退出　205

四、非正常退出　　207

第十章　股权激励的艺术性

第一节　激励对象的"认知度"决定他是否把股权激励当回事儿　　212

一、神奇的认知——认知不是事实　　212

二、"认知为王"的管理智慧　　214

第二节　激励对象的"获得感"决定他能否感受到激励　　219

第三节　激励方案的"刚柔并济"避免产生特权阶层　　223

一、股权激励方案的"刚"　　223

二、股权激励方案的"柔"　　226

第四节　激励方案的"实在性"赢得员工的信任　　229

一、一诺千金，拒绝反悔　　229

二、规则实实在在，拒绝朦朦胧胧　　231

三、利益预测靠谱，拒绝画饼　　232

第五节　激励对象的"个人梦"是激励作用的源泉　　234

第十一章　股权激励方案的审批程序及文书模板

第一节　股权激励计划的实施程序　　241

第二节　股权激励计划的授予程序　　243

第三节　股权激励计划解除限售或行权程序　　244

一、限制性股票解除限售程序　　244

二、股票期权行权程序　　244

第四节　股权激励计划的变更和终止程序　　246

一、激励计划的变更程序　　246

二、激励计划的终止程序　　246

第五节 股权激励计划的相关议案及文件模板　　248

一、股权激励计划及其摘要的议案及模板　　248

二、激励计划考核管理办法的议案及模板　　252

三、股东大会授权董事会办理的议案及模板　　256

四、股权激励计划法律意见书、激励对象承诺函　　258

五、董事会授予议案及《授予协议书》的模板　　260

后　记　　269

第一章

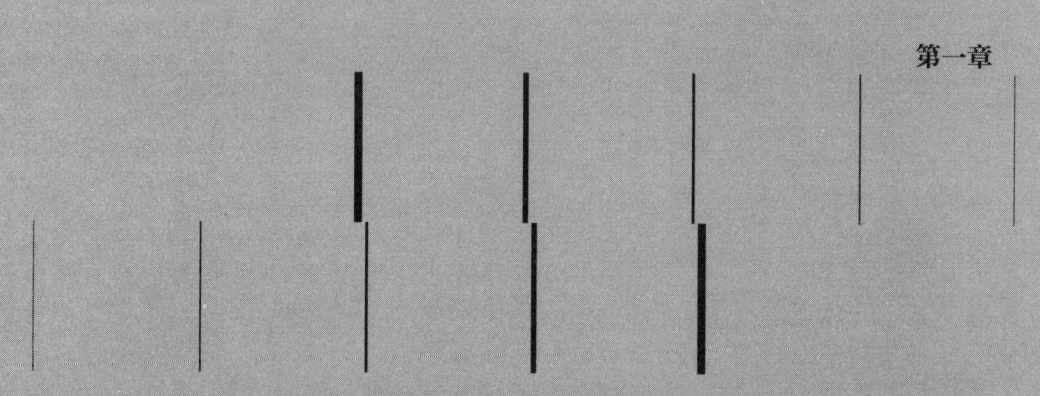

大变局时代呼唤动态股权

第一节　静态股权的四大缺陷和动态股权的四大优势

当今世界正经历百年未有之大变局，新技术、新产业、新业态、新模式带来了前所未有的产业风潮，既促成了各种生产要素和资源的大融合，其中知识劳动者成为核心要素之一，也促进了知识劳动者自我意识的觉醒。人力资本股权化，"从雇佣到合伙"正是这些劳动者实现自己价值的一个有效途径。审时度势、顺势而为是企业家、创业者不得不适应的策略。

蒙在"股"里，何以谈未来？股权是企业价值的主要体现；股权布局是企业治理机制的内在原因；股权激励机制是企业价值分配的主要机制，也是引人、留人的核心激励手段；破解股权激励失败的"魔鬼三角"，植入激励机制升华的艺术和文化。

企业经营的不确定性要求股权从"静态"向"动态"升华。

一、静态股权的四大缺陷

（1）形成躺赢层

"静态股权"导致"躺在股票上睡大觉、拿大钱"的怪相出现。

华为2001年实施"虚拟受限股"，一度对华为的发展、员工积极性的调动起到了难以估量的正面影响。但是持续实施10年后，负面影响逐步显现。一方面，一批老员工通过积累，拥有了大量的虚拟受限股，在华为每年的高分红下，这批人每年的分红极其可观。往日的"奋斗者"变成了"躺在股票上睡大觉，拿大钱"的"躺赢层"。另一方面，华为的净资产逐步提高，新实施虚拟受限股价格高，对新员工产生很大压力。基于此，华为自2013年起变革激励模式，实施TUP（详见第四章）。

（2）调整难度高

股权设计与股权激励要与未来的价值相匹配，而预期的未来价值与未来实际产生的价值往往失调，此时，调整静态股权相当于重新"动奶酪"，难度很大。轻则动摇股权关系，重则导致股东之间"同床异梦"，甚至"同室操戈"（详见第二章动态股权分配案例，罗辑思维的兴起和消亡）。

（3）缺乏前瞻性

股权设计与股权激励要顺应产业发展战略、人才发展战略的可能调整，使企业的股权分配、股权布局、股权激励更具前瞻性、灵活性和适应性。

（4）影响控制权

股权布局要"以终为始"，预测股权布局的动态变化，确保企业的安全和创始团队的控制权。

二、动态股权的四大优势

（1）价值匹配性

股权要求与提供的价值相匹配，不仅仅是过去的、现在的价值，更强调的是未来产生的贡献和价值。如果与价值和贡献不相符，就需要进行动态调整。

（2）调整灵活性

获取股权之后，如果实际产生的价值和贡献<u>**与预期不符（过高或过低）**</u>，则需要对股权进行动态调整。

（3）环境适应性

应对内外环境的变化，适应不确定时代企业经营的不确定性。

（4）发展前瞻性

与静态股权相反，动态股权能够顺应产业发展战略、人才发展战略的可能调整，使企业的股权分配、股权布局、股权激励更具前瞻性、灵活性和适应性。

总之，实施动态股权既能价值匹配、动态调整，可进可退，又能通过公司发展的核心要素量化，做到激励及时、大浪淘沙（依据业绩、贡献，通过持续的动态调整优胜劣汰），从而形成契约精神（提前确定规则，有法可依，避免矛盾，彰显契约精神）。

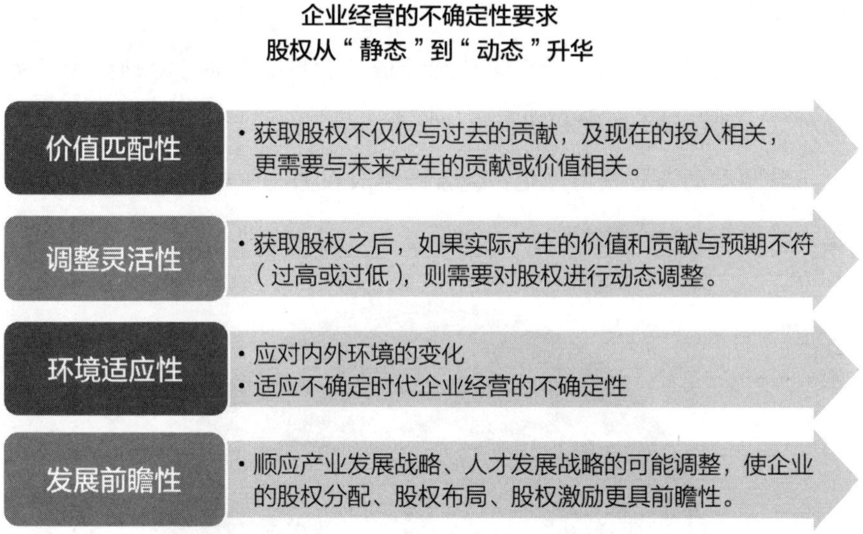

企业经营的不确定性要求股权从"静态"到"动态"升华

价值匹配性	获取股权不仅仅与过去的贡献，及现在的投入相关，更需要与未来产生的贡献或价值相关。
调整灵活性	获取股权之后，如果实际产生的价值和贡献与预期不符（过高或过低），则需要对股权进行动态调整。
环境适应性	应对内外环境的变化 适应不确定时代企业经营的不确定性
发展前瞻性	顺应产业发展战略、人才发展战略的可能调整，使企业的股权分配、股权布局、股权激励更具前瞻性。

图1-1 动态股权的四大优势

第二节　一图界定动态股权体系

动态股权体系需要"3轮驱动",所以我们称之为"动态股权3轮驱动",如图1-2所示。

一轮驱动股权动态分配和动态布局:包含动态股权分配和动态股权布局两个环节。

二轮驱动股权激励从静态向动态升华:主要包含动态激励模式、动态激励对象、动态授予额度和动态激励收益。

三轮驱动动态股权再进化:包含破解股权激励失败的"百慕大三角",并植入股权艺术和股权文化。

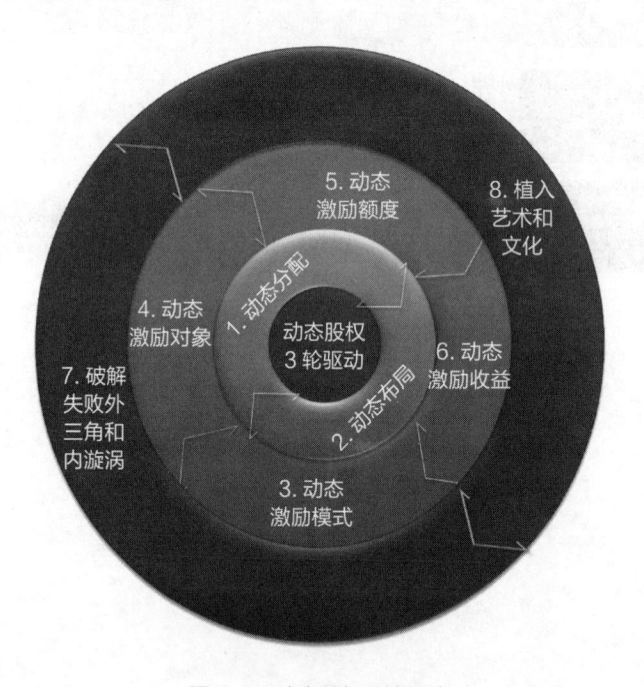

图1-2　动态股权3轮驱动

第二章

动态股权分配

第一节　什么是股权静态分配

案例：四个好哥们一起创业，如何进行股权静态分配

A、B、C、D是哥们，约好一起创业。

①创始人A、B、C、D都投入50万元。

②A全职投入创业公司，B每周投入3.5天，C每周投入2天，D每周投入1天。

③A是召集人，并且已经为创业公司打下了基础。

④四位创始人中，A出任总经理，其余三人为副总经理。

⑤B有成功创业的经历，A和B有创业公司运营相关的关键资源。

这样的情况下，四位创始人的股份如何分配呢？

A说："咱们都是哥们，不用分得那么细，每人25%就行。"

B说："平均分配不好，A全职投入，应该获得最高的股权。"

C说："要不A拿40%，我们三人每人拿20%？"

D说："我投入时间最少，愿意拿最少的股权。"

我们依据"创始人股权分配5步法"提供了如下方案。

第一步，商定影响因素。

四位创始人可先研讨一下，哪些因素会影响股权分配，并明确如何界定各因素的影响。最后，他们商定影响股权分配的因素为：投入资金、投入时间、召集人、是否已打下基础、担任角色、成功创业的经历、关键资

源7个因素,如表2-1所示。

表2-1 创始人商定影响股权分配的因素

分配要素	创始人			
	A	B	C	D
投入资金				
投入时间				
召集人				
是否已打下基础				
担任角色				
成功创业的经历				
关键资源				

第二步,确定创始人在各因素上的情况,如表2-2所示。

表2-2 创始人在各因素上的情况

分配要素	创始人			
	A	B	C	D
投入资金(元)	50万	50万	50万	50万
投入时间	一周7天	一周3.5天	一周2天	一周1天
召集人	√			
是否已打下基础	√			
担任角色	总经理	副总经理	副总经理	副总经理
成功创业经历		√		
关键资源	√	√		

第三步,转换为百分比。

假设每一个影响因素的比例都是100%,可将四位创始人的基本情况转换为百分数,如表2-3所示。

表2-3 创始人的情况转化为百分比

分配要素	创始人 A	创始人 B	创始人 C	创始人 D
投入资金	25%	25%	25%	25%
投入时间	52%	26%	15%	7%
召集人	100%			
是否已打下基础	100%			
担任角色	40%	20%	20%	20%
成功创业经历		100%		
关键资源	50%	50%		

第四步，赋予权重。

每一个影响因素在股权分配方面的重要性是不一样的，下面我们对每一个因素进行赋权。四位创始人认为，目前对公司而言，投入资金、投入时间和担任角色是较重要的3个因素，所占权重最大，分别占40%、30%和10%。然后，我们将创始人的情况所占百分比乘以该因素权重，计算出四位创始人在每一个因素上所占的股权比重。

最后，将每位创始人在7个因素上所占的比例加总，得出四位创始人各自所占的股权比例，如表2-4所示。

表2-4 分配权重及计算加总

分配要素	创始人 A	创始人 B	创始人 C	创始人 D	权重
投入资金	10%	10%	10%	10%	40%
投入时间	15.6%	7.8%	4.5%	2.1%	30%
召集人	1%				1%
是否已打下基础	9%				9%
担任角色	4%	2%	2%	2%	10%
成功创业经历		5%			5%
关键资源	2.5%	2.5%			5%
总计	42.1%	27.3%	16.5%	14.1%	100%

第五步,微调。

这是计算结果,大家商量一下,看看是否有必要进行微调、如何微调。

通过上述分析和计算过程,我们发现创始人股权A占42.1%、B占27.3%、C占16.5%、D占14.1%。看得出来A是"老大",但是没有足够的股权。不过,如果A和B结成一致行动人,两人股份合计占69.4%,就可实现绝对控股;或者A与C、D结成一致行动人,也可实现相对控股。不过,从四位创始人在7个因素上的基本情况可以看出,A还是具有足够影响力的,是大股东、实际控制人。如果分配比较平均,可以参考第三章"掌控企业控制权的主要方法"来设置企业的"老大"。

最后,大家一致认为不用微调,这样就确定了股权分配结果(如表2-5所示)。这是静态分配,也称为初始分配。

表2-5 四位创始人股权分配结果

	创始人 A	B	C	D	权重
合计	42.1%	27.3%	16.5%	14.1%	100%

这就是创始人股权分配"五步法",如图2-1所示。

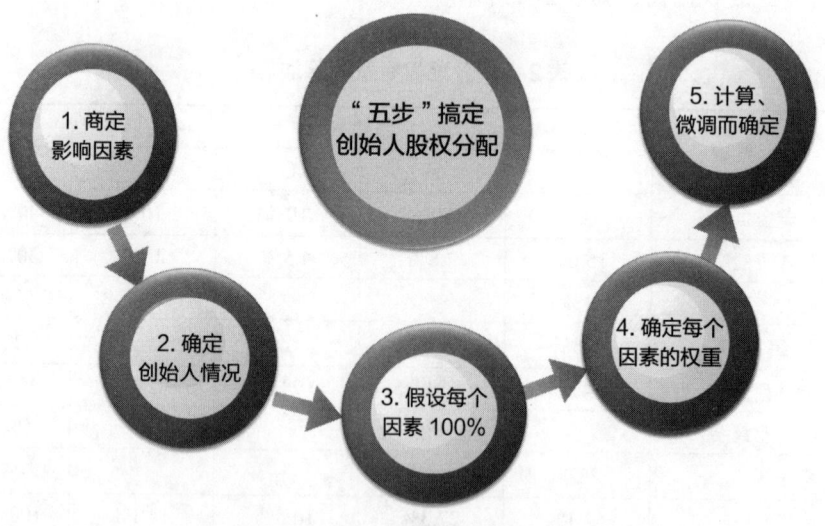

图2-1 创始人股权分配"五步法"

"五步法"说明了两点：谁出的钱多，谁占大股的观点和做法成为历史；人力资本（人力股）的做法成为现实。

那么，这样分配是否就"万事大吉"了呢？

如果A不胜任工作怎么办？

假设实际运作过程中，D取得的业绩最大、贡献最大，C的贡献和业绩其次怎么办？

假如B愿意全职投入，怎么办？

假如……

第二节 股权静态分配的缺陷

案例：罗辑思维的兴起和消亡

罗振宇、申音共同创建独立新媒信息科技有限公司（以下简称"独立新媒"），作为平台和专业服务方与自媒体人合作，共同打造自媒体产品、孵化产品、运营产品，把产品做成明星的自媒体爆品。罗辑思维是独立新媒运作的项目之一，公司股权划分为申音占82.35%，罗振宇占17.65%。

但是创业之初的设想必定充满变数，业务的发展也总是存在不确定性。独立新媒的几个自媒体项目中，罗辑思维一枝独秀。罗振宇作为罗辑思维的主理人和人格品牌核心，不论是在这个项目中体现的价值还是给独立新媒创造的价值，远远超出17.65%。

随着罗辑思维的持续火爆，罗振宇也成长为大IP，成为项目品牌和公司价值的核心。也许在项目中甚至公司的体现价值达80%左右。"价值匹配性"消失，"灵活调整性"也没有设立机制，创始人之间必然会产生矛盾，如果无法及时调整，结果只能是散伙。

果然，2014年5月初，一直被外界看好的黄金搭档，罗辑思维出品人罗振宇和独立新媒创始人申音确认彻底分家，如图2-2所示。

后来，罗振宇设立北京思维造物信息科技股份有限公司（以下简称"思维造物"），吸取独立新媒的教训，进行了精心的股权设计。罗振宇以自然人身份持股30.3537%，同时又通过北京杰黄罡信息技术合伙企业间接控股

16.2607%，合计46.6144%的表决权，为公司的大股东和实控人，如图2-3所示。

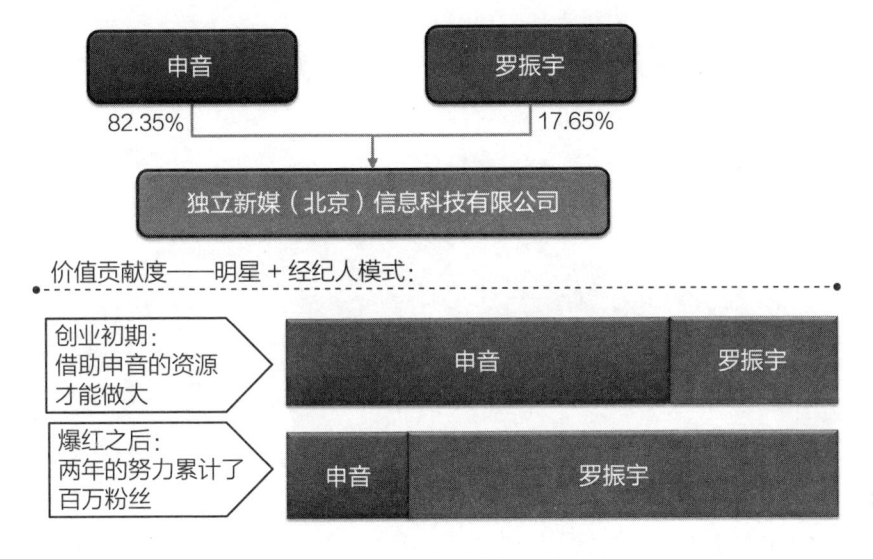

图2-2 静态股权分配导致罗辑思维消亡

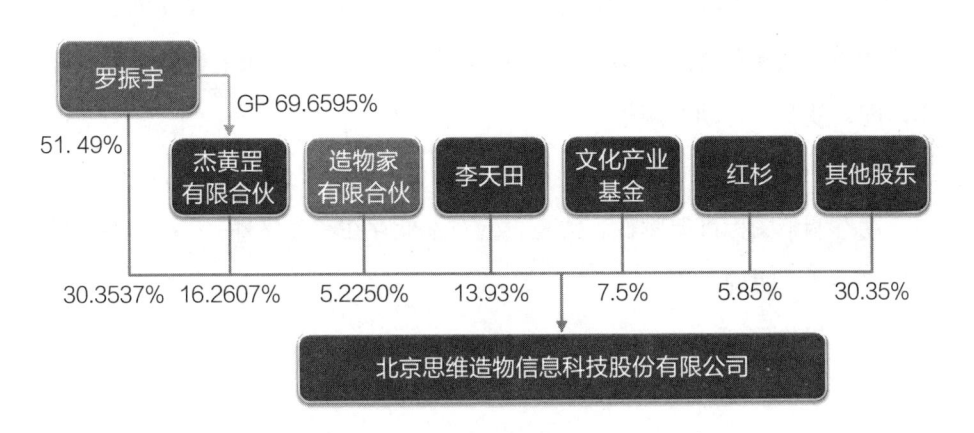

图2-3 罗振宇思维造物股权结构

可惜，思维造物上市一波三折，从赴海外上市到拆除VIE架构申报科创板，科创板失利之后赴创业板，遭到深交所三次问询后，上市之路中止。

第三节　动态股权分配的方案设计

一、股权动态分配的原则和步骤

（一）股权动态分配要遵循三个原则

（1）价值原则

价值原则，也就是价值匹配原则，即要与该股东预期创造的价值、做出的贡献匹配。如果是股权激励，不仅要与激励对象过去、现在创造的价值、做出的贡献匹配，还要与预期的价值和贡献匹配。如果与价值和贡献不匹配，就要进行动态调整。

（2）刚性原则

动态调整的标准要刚性，清楚，绝对不能存在"二义性"；动态调整的数量要刚性，明确。

（3）操作简便

搞复杂了，更容易出问题。不需要经过负责程序，也不需要复杂的计算，一目了然。

（二）股权动态调整的4个步骤

①确定动态调整的股权来源和股权比例。

②确定动态调整的时间间隔（或企业发展的里程碑）。
③确定贡献点和每个贡献点的贡献值。
④确定贡献值的计算办法，并计算。

二、股权动态调整的设计

案例：四个好哥们一起创业，如何进行股权动态分配

四个好哥们一起创业，确定了表2-5静态股权分配的结果。
动态分配的步骤：
第一步，确定动态调整的股权来源和股权比例。
股权来源一般有两种：一种是存量，即静态分配时预留；另一种是增量，即增资扩股，股东股权比例同比例稀释。
案例中采用的是预留20%的股权，预留后四位创始人静态分配的股权比例如表2-6所示。

表2-6 动态分配的股权来源和股权比例

	创始人				权重
	A	B	C	D	
100%静态分配	42.1%	27.3%	16.5%	14.1%	100%
预留20%	33.68%	21.84%	13.20%	11.28%	80%
工商注册股权	53.68%	21.84	13.20	11.28	100%
备注	四位股东经协商确定： 预留的20%股权由A代持，并签订《代持协议》				

第二步，确定动态调整的时间间隔（或企业发展的里程碑）。
四位股东一致决定，时间间隔为2年，即2年后依据各位股东于贡献点做出的贡献值，分配预留的20%股权。

第三步，确定贡献点和每个贡献点的贡献值。

案例中确定的贡献点和每个贡献点的贡献值如表2-7所示。

表2-7　贡献点与贡献值

贡献点	贡献值（%）
产品上市并交付完成第一单	30
销售累计1000万元或一单500万元	25
融资额≥500万元，并完成签约	25
团队组建，3名核心人员入职	20
合计	100

贡献值也可以货币方式体现，实质是创造价值的奖金，或节省费用的奖励。再通过获取的奖金或奖励去置换预留的或增发的股权。

如果确定了动态分配的股权，再用对每一个贡献点赋予权重，则分配相对方便，尤其是针对定性"贡献点"。表2-8是以货币计量的贡献点与贡献值。

表2-8　以货币计量的贡献点与贡献值（参考）

贡献点	贡献值计算标准（以货币计量）
未领取的工资	市场工资水平减实际领取的工资
物资、设备、基础设施	"购买"或者"租用"的参考市价
人脉关系	只计算兑现为价值的部分
专利技术和非专利技术	没有人身依附性：评估专利未来给公司带来的价值；人身依附性：不计量，可以体现到该合伙人的工资中；或按照特许权使用费计算
办公场所、厂房、土地	市场租金水平
兼职的合伙人	参考其提供服务的市场价格
融资、订单、渠道等	用可以现金互换的原则制定

第四步，确定贡献值的计算办法

案例中确定的贡献值计算办法如下：

首先，确定在约定的时间周期内，创始人在每一个贡献点上的贡献百分比，如表2-9所示。

表2-9 创始人在每一个贡献点上的贡献百分比

创始人	获取贡献值	创始人贡献百分比				创始人动态调整股份
		产品上市并交付完成第一单（30点）	销售累计1000万元或一单500万元（25点）	融资额≥1500万元，并完成签约（25点）	团队组建，3名紧缺核心人员入职（20点）	
A			90%	40%	50%	
B		80%				
C		20%		60%		
D			10%		50%	
合计	100	100%	100%	100%	100%	20%

其次，计算每位创始人所获得的贡献值，并依据表2-9对贡献点与贡献值的分配计算出每人动态调整中获取的股权数量，如表2-10所示。

表2-10 创始人动态调整中所获取股权

创始人	获取贡献值	创始人贡献百分比				创始人动态调整股份
		产品上市并交付完成第一单（30点）	销售累计1000万元或一单500万元（25点）	融资额≥1500万元，并完成签约（25点）	团队组建，3名紧缺核心人员入职（20点）	
A	22.5+15+14=51.5		90%	60%	70%	（51.5÷100）×20%=10.30%
B	24+6=30	80%			30%	（30÷100）×20%=6.00%
C	6+10=16	20%		40%		（16÷100）×20%=3.20%
D	2.5		10%			（2.5÷100）×20%=0.50%
合计	100	100%	100%	100%	100%	20%

在各贡献点上，也有可能部分贡献是ABCD以外的员工做出的，可以以奖金方式体现；针对作出贡献且替代性低或发展潜力高或公司紧缺的骨干人员，可以考虑纳入为新的合伙人。这样就以"奖励"置换"贡献值"，通过贡献值来获取部分动态分配的股权。

通过初始静态分配和随后的动态调整之后，我们再看看表2-11四位股东的股权分布。

表2-11 创始人初始分配和动态调整后股权分布

创始股东	初始分配	动态调整	合 计
A	33.68%	10.30%	43.98%
B	21.84%	6.00%	27.84%
C	13.20%	3.20%	16.40%
D	11.28%	0.50%	11.78%
合计	80%	20%	100%

第四节　股权分配是否妥当的标准

一、股权分配是否妥当的四个标准

（1）创始人股东是否发自内心感觉可以接受，避免不患寡而患不均的风险

我们认为这个标准非常重要，是第一标准。如果一开始就难以接受，不好意思说出来，带着这种心情怎么会全身心投入创业呢？常见的是合伙时讲哥们义气，散伙时反目成仇。案例中四位哥们对股权分配的想法，或多或少掺杂了哥们义气。

这样的教训太多了，曾经有家创业公司叫"千夜"，是做旅游的，业内称之为"千夜旅游"。千夜旅游曾经风光无限，但不久便了无声息。创始人冯钰反思千夜失败的原因时认为，"其实问题核心还是股份结构不合理"。可见，股权分配问题对创业企业来说是何等重要，如果在开始时没有处理好，后期想要调整非常难，甚至很可能为企业倒闭埋下隐患。

（2）是否有控制权设置（一般是有"老大"）

创始股东中一定要有人在关键时刻力排众议，及时做出决策。所以，一家企业从设立起，就要进行股权布局的推演，力求股东中有"老大"，并确保经营层不丢失对企业的掌控权。

（3）是否有动态调整机制，体现价值

前面已经讲了很多动态调整的必要性，这里就不再赘述了。

（4）是否有回购机制

股权要确保能进能出，一般来讲"人走股留"。要做到这一点，就要确保提前确定股权的回购机制，尤其是退出的情形及回购的价格。

二、是否需要持续进行动态调整

这完全取决于股东之间的意愿，以及公司的发展状况。如果公司一直没有起色，与设立时的规划差异很大，就有必要实施多次设计股权的动态调整机制。如果一次动态调整之后，各创始人之间的角色已经确定，职责均能胜任，暂时没有中途退出的意愿，那就不一定要持续的进行股权动态调整。

如果要持续的动态调整，还是要遵循"股权动态分配的原则和步骤"。不一样的是，要对公司的发展划分里程碑，再确定每一个里程碑的贡献点和贡献值（如图2-4所示）；股权来源既可能是从离职人员手中回购股权，也可能是增资扩股。后者的可能性更大。

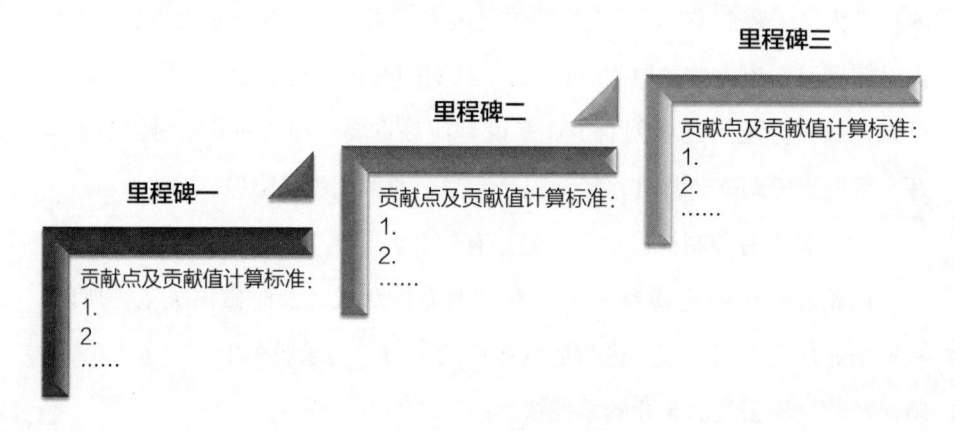

图2-4 持续动态调整的里程碑划分

第三章

动态股权布局

第一节　兵棋推演股权布局的动态发展

我们还是以四位好哥们一起创业的案例来推演企业动态股权布局，我们把A、B、C、D分别称之为张三、李四、王五、赵六。

案例：四位好哥们一起创业，如何进行股权动态布局

创始人初始分配和动态调整后股权分布如表3-1所示。

表3-1　创始人初始分配和动态调整后股权分布

创始股东	初始分配	动态调整	合　计
A-张三	33.68%	10.30%	43.98%
B-李四	21.84%	6.00%	27.84%
C-王五	13.20%	3.20%	16.40%
D-赵六	11.28%	0.50%	11.78%
合计	80%	20%	100%

创始人预估，企业如果发展顺利，会先后面临如下股权布局变化：
①股权激励计划，总量为计划实施后总股本的5%。
②Pre-A股权融资占投后总股本的20%。
③A轮股权融资占投后总股本的15%。
④B轮股权融资占投后总股本的10%。

⑤C轮股权融资占投后总股本的10%。

⑥再次实施股权激励，总量为计划实施后总股本的1.5%。

⑦D轮股权融资占投后总股本的5%。

⑧IPO公开发行，占发行后总股本的25%。

在以上8次股权布局变化中，直至上市时企业的控制权是否有风险，经营层是否还是企业的实际控制人，是否还能把控公司的发展。如果做不到，要么进行投票权的特别设计，要么前期降低股权的稀释程度。

下面我们用一张表格来预测股权布局的动态调整过程，如表3-2所示。

表3-2 股权稀释假设

股东	分配	股权激励	Pre-A	A轮	B轮	C轮	股权激励	D轮	IPO
张三	43.98%								
李四	27.84%								
王五	16.40%								
赵六	11.78%								
股权激励		5.0%							
Pre-A			20.0%						
A				15.0%					
B					10.0%				
C						10.0%			
D								1.5%	
股权激励								5.0%	
IPO									25.0%
总计	100%	100%	100%	100%	100%	100%	100%	100%	100%

用这张表格，我们逐步计算每一次股权布局的变化，然后"以终为始"，即以上市时的股权布局来验证前7次融资和股权激励是否恰当。

各位读者可以算一算，表3-3是我们的计算结果。

表3-3 股权布局的动态调整

股东	分配	股权激励	Pre-A	A	B	C	股权激励	D	IPO
张三	43.98%	41.8%	33.4%	28.4%	25.6%	23.0%	22.7%	21.5%	16.2%
李四	27.84%	26.4%	21.2%	18.0%	16.2%	14.6%	14.3%	13.6%	10.2%
王五	16.40%	15.6%	12.5%	10.6%	9.5%	8.6%	8.5%	8.0%	6.0%
赵六	11.78%	11.2%	9.0%	7.6%	6.8%	6.2%	6.1%	5.8%	4.3%
股权激励		5.0%	4.0%	3.4%	3.1%	2.8%	2.7%	2.6%	1.9%
Pre-A			20.0%	17.0%	15.3%	13.8%	13.6%	12.9%	9.7%
A				15.0%	13.5%	12.2%	12.0%	11.4%	8.5%
B					10.0%	9.0%	8.9%	8.4%	6.3%
C						10.0%	9.9%	9.4%	7.0%
D							1.5%	1.4%	1.1%
股权激励								5.0%	3.8%
IPO									25.0%
总计	100%	100%	100%	100%	100%	100%	100%	100%	100%

从表3-3可以看出，IPO挂牌时，创始团队仍持股36.7%，四位创始人可以作为一致行动人牢牢地掌控公司。

第二节　股权布局失衡的"2壮士"

案例：雷士照明的股权"剧"

雷士照明创建于1998年，创始人是三位同学：吴长江、胡永宏、杜刚，2010年在香港联交所上市。雷士照明的股东之争，称得上史上最经典的一幕剧。

第一次争斗，创始人之间相互罢免。胡永宏、杜刚联合罢免吴长江，因为供应商和中高层的一致反对而失败。最终吴长江反击，撵走了胡永宏、杜刚，代价是付出了1.6亿元收购股份，并导致公司资金链接近断裂。如表3-4所示。

表3-4　雷士照明股东间的第一次大战

时　间	逐鹿群雄			
1998	吴长江	胡永宏	杜刚	三同学创业
	45%	27.5%	27.5%	相互制约，看似很好
2002	33.3%	33.3%	33.3%	股权结构调整雷士补偿吴长江1000万
2005	胡、杜联合罢免吴长江，但引起供应商和中高层一致反对而失败			
2005	100%	0%	0%	吴长江反扑，轰走胡、杜，1.6亿买断
第一次大战胜利了，但让公司资金链接近断裂。不断融资让其步入深渊！				

不断融资导致投资人控制董事会，为再次被罢免埋下伏笔，如表3-5所示。

表3-5 不断融资导致失去控制权

时间	逐鹿群雄			
2006	吴长江	软银赛富	融资顾问	融资顾问投入994万美金，软银赛富投入2200万美金
	45%	35.71%	19.29%	

2008	吴长江	软银赛富	高盛	其他股东	作价4亿，高盛3655万，软银赛富1000万；收购世通
	29.33%	30.73	9.39%	/	2010年香港上市
2010	15%	18%	4.8		吴长江增持成为第一大股东；投资人推荐引入施耐德
2011	吴长江	软银赛富	高盛	施耐德	
	19%	18%	4.8%	9.22%	

吴长江转让股份，德赛润达入局成为第一大股东，持股27.1%；吴长江第二次、第三次被罢免，最终悲惨入狱，被判14年。如表3-6所示。

表3-6 德赛润达入局成为第一大股东

时间	逐鹿群雄				
2011	吴长江	软银赛富	高盛	施耐德	
	19%	18%	4.8%	9.22%	
2012	董事会罢免吴长江CEO（阎焱为董事长）；经销商罢工，吴回归，任执行董事，后任CEO				
2014	吴长江	软银赛富	高盛	施耐德	德赛润达（王东雷）
德赛润达（2004年上市）增发1.3亿股，让吴长江成为二股东；吴任雷士CEO				
2014	8月董事会罢免吴长江CEO；经销商沉默。10月吴长江涉嫌职务侵占、挪用资金被逮捕，后被判14年				

抛开吴长江犯罪不谈，雷士照明的股权剧，重要原因是创始人失去控制权，"股本不和"。

案例：当当网股权之争

当当网的老板李国庆和太太俞渝，一位是北大高才生，一位是华尔街精英，我们来梳理一下两位的股权之争。

1. 当当网的前世今生

①1999年设立，融资620万美元；1996年刘强东以24万元创办京东；1999年马云以50万元创办阿里巴巴。

②2010年当当网上市，为"中国电商第一股"；2014年阿里巴巴、京东上市。

③2014年年底，李国庆退出当当网，开辟新当当。

④2016年9月，当当网私有化退市，两人股份平分秋色。

⑤2017年两人各拿出40%股份给孩子，俞渝代持李国庆转让孩子的股份。

⑥2019年2月，当当网发出内部"备忘录"，李国庆不再担任当当网任何职务，被迫离开一手创建的当当网。

⑦2019年2月，李国庆创办"早晚读书"。

⑧2020年4月7日，李国庆以当当网股东会决议形式，自称为董事长兼总经理。

2. 当当网股权布局的演化（依据公开材料推演）

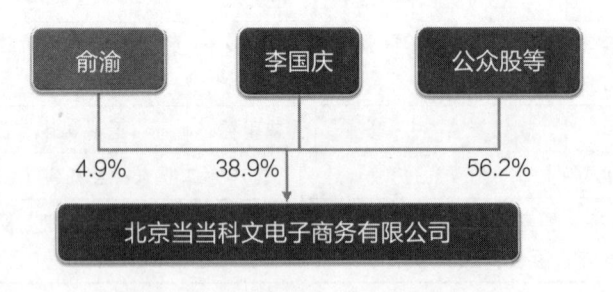

俞渝 4.9% ｜ 李国庆 38.9% ｜ 公众股等 56.2%
→ 北京当当科文电子商务有限公司

图3-1 当当网2010年上市股权结构

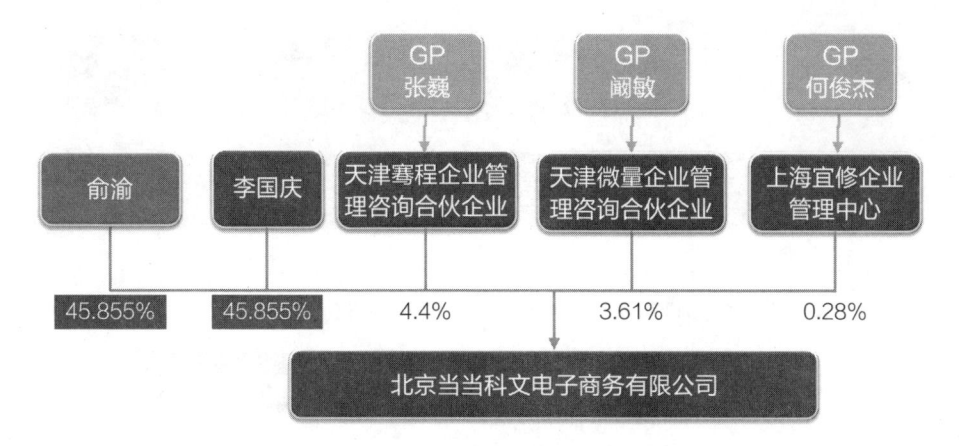

图3-2 当当网2016年9月私有化后股权结构

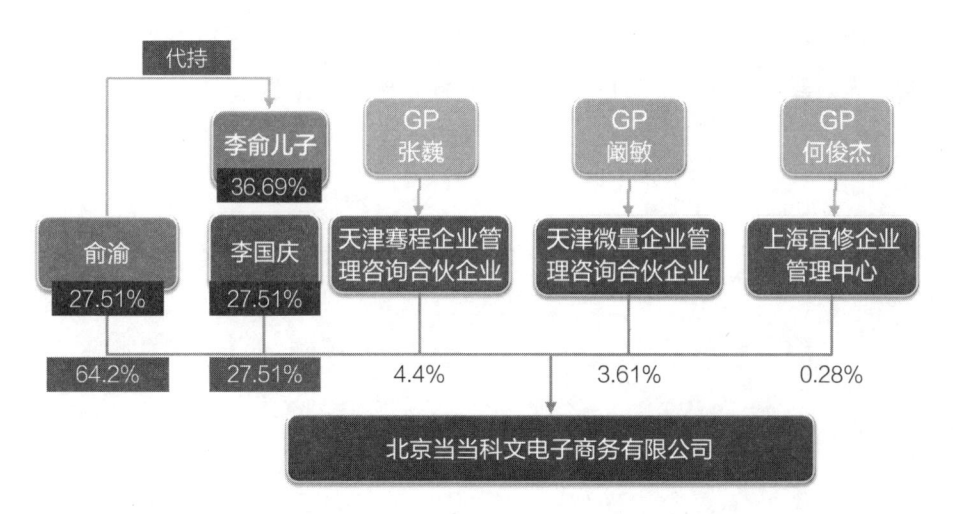

图3-3 李国庆和俞渝各拿40%给孩子后的股权结构

第三章 动态股权布局

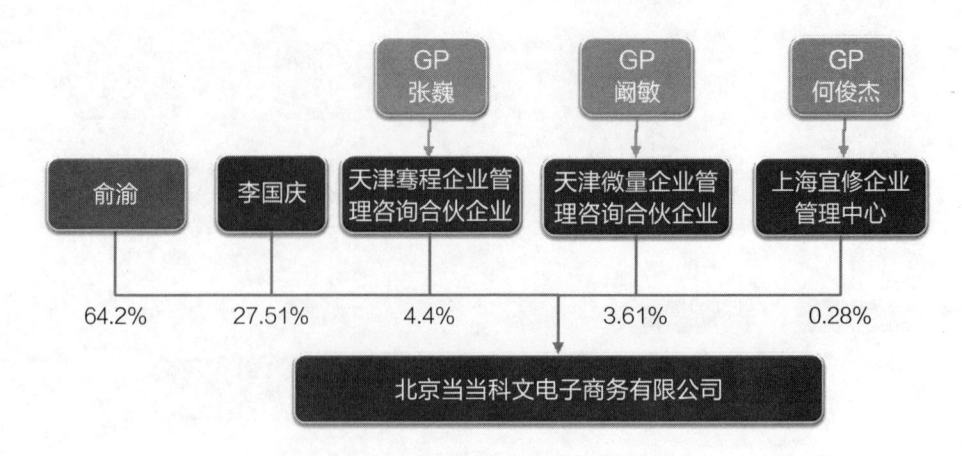

图3-4　孩子的股权由俞渝代持后的股权结构

股权结构必然是动态变化的，如果不能从动态变化中洞察对企业的影响，大则影响企业的生死存亡，小则影响创始人的去留。

第三节　股权布局八大坑

依据我们的总结，股权布局中有八大坑，如图3-7所示。

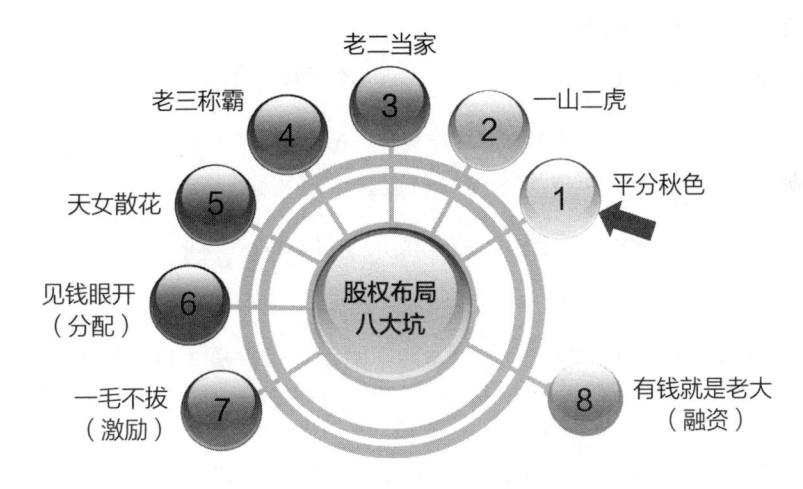

图3-5　股权布局八大坑

股权布局八大坑并非出现了这种情况，企业就一定失败，而是说这种情况可能为股东之间的矛盾埋下难以调和的伏笔。

第一坑：平分秋色

意思是股东的股权基本一样多，发展顺利，没有异议，一旦出现分歧，谁也说服不了谁，轻则贻误战机，重则把公司搞死，或者反目成仇散伙。

雷士照明2002年调整股权结构后，三位创始人中吴长江持股34%、胡永宏持股33%、杜刚持股33%。当矛盾不可调和时，胡永宏和杜刚联合起来罢免吴长江，由于供应商和中高层联合反对而失败。后来，吴长江以1.6亿元的代价把胡永宏和杜刚轰走。由此，导致后来资金紧张，大量引进投资而失去控制权。

第二坑：一山二虎

顾名思义，就是股东中两人的股份基本一样。两人创业，股份各占50%；四人合伙，股权结构搞成40%:40%:10%:10%。真功夫的股权之争，与创始人潘宇海让出50%股份给蔡达标夫妇，并基本放任蔡达标经营有直接关系。俗话说："一个中心为忠，两个中心为患。"

第三坑：老二当家

意思是老大或其一致行动人加起来的投票权达不到2/3以上，只有加上老二的投票权才能超过2/3。面对修改公司章程，增加或者减少注册资本，公司合并、分立、解散或者变更公司形式重大事项的决议时，有限责任公司必须经代表三分之二以上表决权的股东通过（2018年《公司法》第43条）；股份公司必须经出席会议的股东所持表决权的三分之二以上通过（2018年《公司法》第103条）。这时，老二如果不同意，这等重大事项就无法形成决议。

2021年《公司法》征求意见稿，将规定优先股和劣后股、特殊表决权股、转让受限股等股权种类，这让创始人股东掌控控制权有了坚实的法律基础。

第四坑：老三称霸

意思是老大、老二的股权投票权都低于50%，但只要谁联合老三就可以形成股权相对决议，比如这样的股权结构——48%:47%:5%。

2016年在白药控股引入江苏鱼跃科技发展有限公司进行"混改"后，云南省国资委、新华都、江苏鱼跃分别持有45%、45%、10%的股权，从而形成了三足鼎立的股权局面。新华都股权转让协议入坑，巨额浮盈化为泡影。

第五坑：天女散花

意思是股权结构极度分散。我们有一个客户，股东294人，董事长兼总裁是"大股东"，持股3.78%。每次开股东会的成本很高，要形成决议必须事先找担任中高层职务的股东进行沟通，并请他们将意见传达给所属机构的众多股东。

这家客户核心岗位的股东年龄越来越大，面临几年后退休、培养接班人、接班人的股权激励问题，公司业绩这么好是否可以上市，退休人员的股份如何退出……这些都是难题。好不容易决心上市，众多股东提出明确的要求：一是上市不成功怎么办？二是上市不能增加成本，以及今后退出的纳税。面对这样的情况，谁也帮不了他们。

第六坑：见钱眼开

意思是在股权分配时，按照出资的比例分配股权。随着人才重要性越来越高，尤其是科技型企业，大家基本都认可除了资金股外，还要设置人力股。有许多资金以外的要素也具有价值，甚至是很大的价值（详见第2章动态股权分配）。

第七坑：一毛不拔

这个坑主要指在股权激励实施中，不要激励对象出资。这是我们不提倡的，只有出资了才会重视，才会更关注股权价值。

第八坑：有钱就是老大

避免让投资人当老大。通常有两种情况：一是误以为融资越多越好，不理解当年孙正义要投资马云4000万美元，从而占有阿里巴巴49%的股权，而马云坚持只要2000万美元；二是不理解"天有不测风云"，融资时签订如果失败就不可承受的对赌协议，俏江南的张兰就是很好的例证。

第三节　掌控企业控制权的主要方法

在公司发展的过程中，如果一方面继续融资稀释股东持股比例；另一方面为吸引、招募高端人才而持续实施股权激励，那么创始人股份稀释后的控制权就是一个关键问题。

在实践中，如何既满足融资的需要，又满足吸引高端人才的需要，同时保持创始人的控制权呢？通常有以下办法：

一、多层股权结构

所谓多层股权结构，是相对于单层股权结构（如图3-6所示）而言，实施多层股权结构的目的是将表决权比例与持股比例分离。

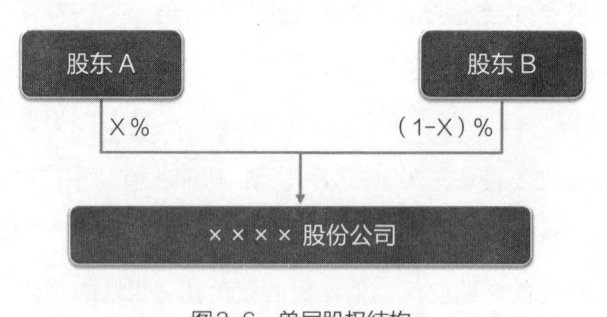

图3-6　单层股权结构

在"同股同权"情形下，单层股权结构中各位股东直接持有公司的股份，并按照个人所持有的股份行使分红权、增值权、表决权和处置权等。当股东的股权比较平均，没有大股东，如果公司有事项需要上升到股东会审议，并且股东的意见又不完全一致时，表决可能陷入僵局，某一项议案得不到股东所持表决权1/2以上或者2/3以上通过，该议案就无法通过，不能实施。商场如战场，机会稍纵即逝，公司在面临重大事项决策时，如果不能及时做出决策，就可能贻误战机。长此以往，公司的发展前景令人担忧。

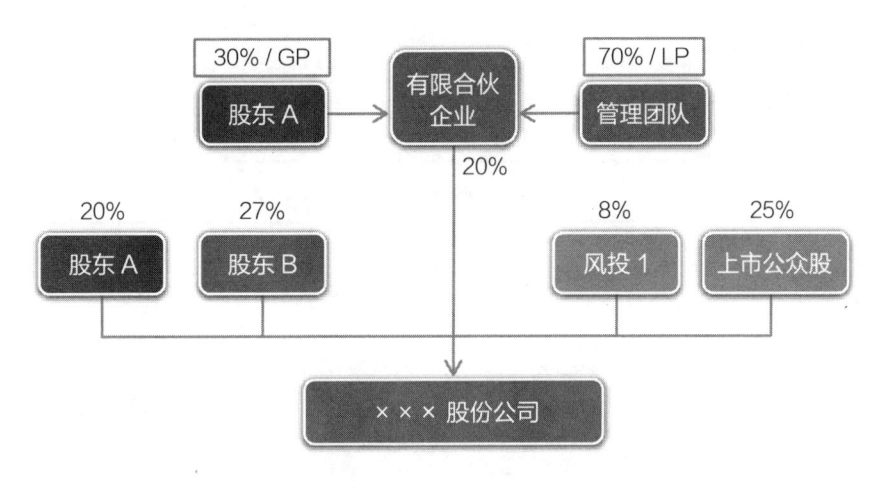

图3-7 双层股权结构

图3-7是一个双层股权结构。一方面，A、B、C、D四位股东按照各自所持股份享有相应的股东权利；另一方面，在四位股东之外存在一个作为持股平台的合伙企业，股东A作为合伙企业普通合伙人（执行事务合伙人），对合伙企业所持股份享有表决权。这样股东A享有的表决权就是他所持股份和合伙企业所持股份共计40%的表决权，加大了他个人的表决权和影响力。

除此之外，还有多层股权结构，上海绿地集团是多层股权结构的典型案例。

案例：绿地集团的股权结构——四两拨千斤

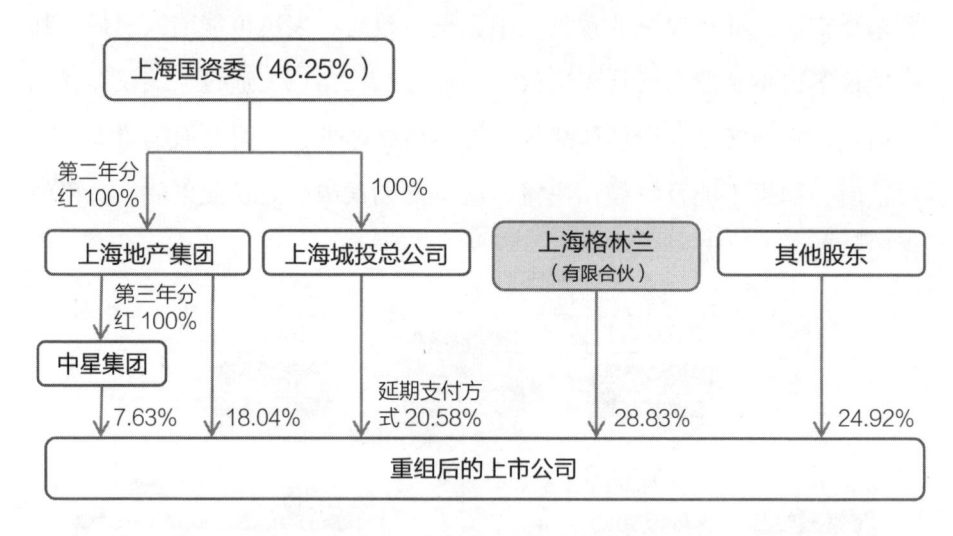

图3-8　绿地集团的股权结构

其中，上海格林兰是集合原来在工会持股的980多名员工股权而成立的持股平台。我们来看看图3-9上海格林兰的股权结构。

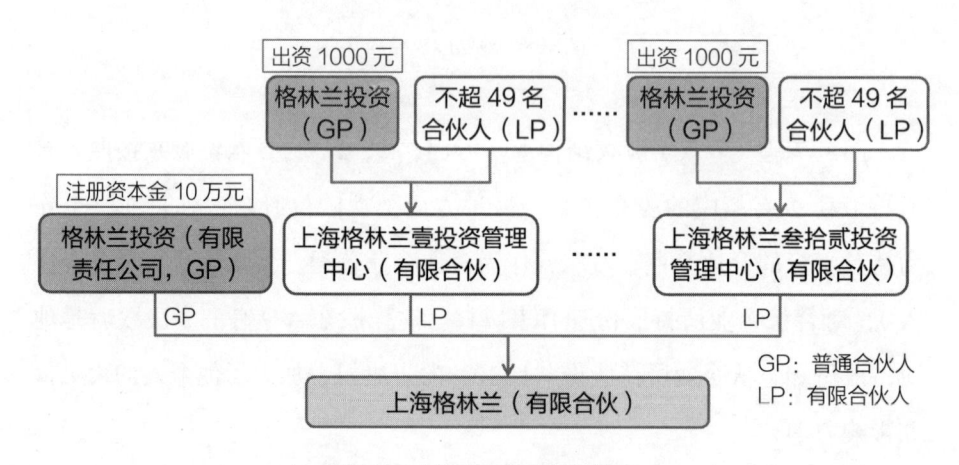

图3-9　上海格林兰的股权结构

格林兰投资被绿地集团经营管理层直接控制，是其核心利益的体现，其法定代表人正是绿地集团董事长兼总裁张玉良。

上海格林兰的执行事务合伙人（GP）为格林兰投资，该公司由绿地集团管理层43人出资10万元共同设立。格林兰投资以3.2万元（0.1×32）担任32家有限合伙企业的GP，集合了3759.74万元的员工持股。

案例：MM装备股份公司的股权动态布局

第一步，国企改制，设立了294名自然人股东持股的MM装备股份公司，公司工商登记自然人股东为发起人16人，由16人代持其他人的股份，如图3-10所示。

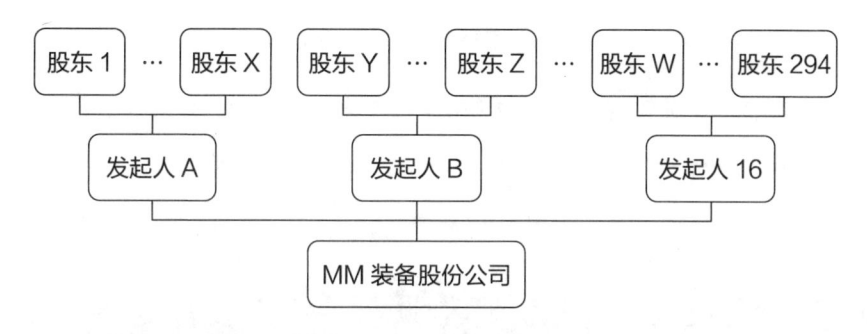

图3-10 MM装备股份公司股权结构第一步

第二步，全体股东完成确权，原有股份代持关系解除，如图3-11所示。

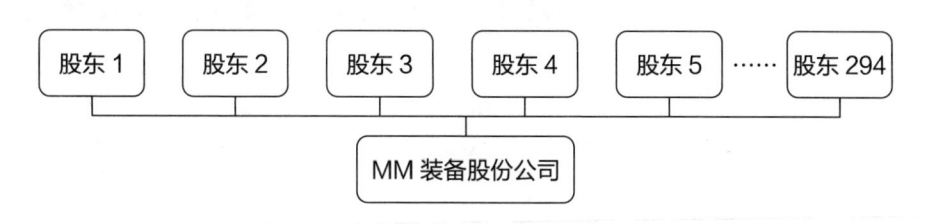

图3-11 MM装备股份公司股权结构第二步

第三步，由员工持股转为少数自然人直接持股和多数由合伙企业间接持股，如图3-12所示。

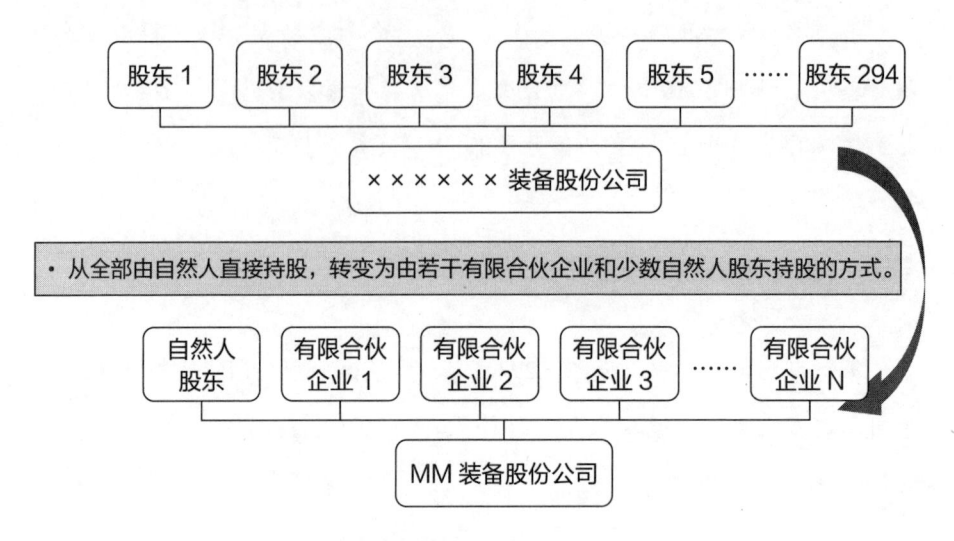

图3-12 MM装备股份公司股权结构第三步

第四步，全体高管共同设立MF有限责任公司，MF有限责任公司担任有限合伙的GP，同时每一名高管进入一家有限合伙企业，负责有限合伙企业的日常沟通协调工作。如图3-13所示。

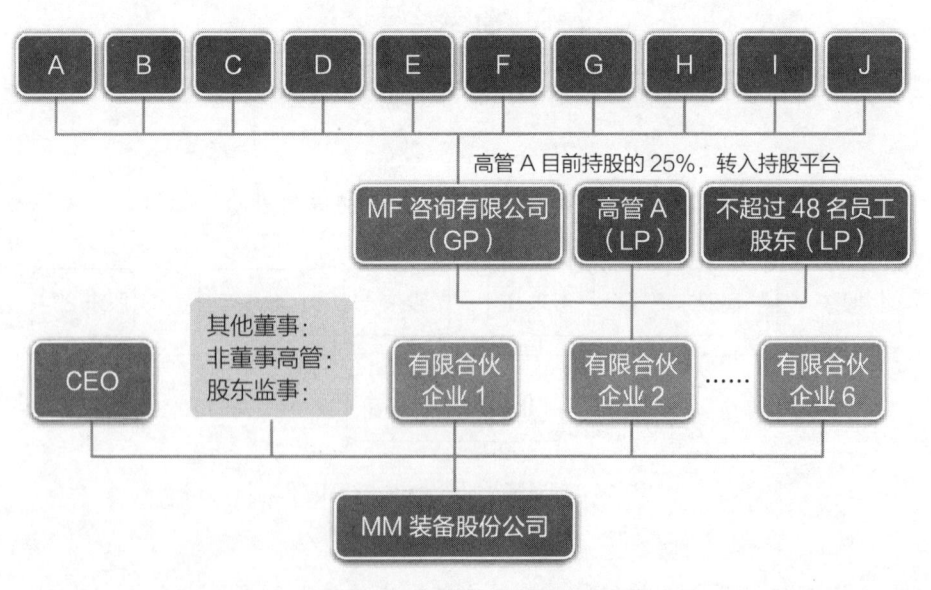

图3-13 MM装备股份公司股权结构第四步

合伙企业GP的MF有限责任公司的10名股东签订《一致行动协议》。

MF有限责任公司担负两个重要功能：一是整个MM装备股份公司的"压舱石"，确保公司稳定；二是形成了公司传承机制：MF有限责任公司的股东章程规定，MF有限责任公司的股东从MM装备股份公司退休时，退出MF有限责任公司，并从新晋或现有其他高级管理人员中选择接替人员，进入MF有限责任公司担任股东。

二、AB股模式

AB股模式，即将股票分为A、B两个系列。其中，对外部投资者发行A系列普通股，A股每股拥有一个投票权；而管理层持有的B系列普通股，每股则有N票（通常为10票）投票权。公开资料显示，采用AB股模式的有人人公司、百度公司、京东商城、优酷公司、小米等。

在AB股模式实施的过程中，A系列股票的发行对创始人所持股票的表决权的稀释程度很低，目的是保护创始人团队对公司的控制权。谷歌、蔚来汽车甚至还增加了不含投票权的C类股。

2014年，阿里巴巴因港交所不支持"同股不同权"的上市主体而放弃中国香港赴美上市。

2018年4月24日，港交所召开新闻发布会，公布《新兴及创新产业公司上市制度》咨询总结，决定于2018年4月30日正式将以下三类公司纳入上市体系：

①不同投票权架构的新兴及创新产业发行人——同股不同权架构公司。

②尚未盈利/未有收入的生物科技发行人。

③在海外上市的企业到中国香港进行第二上市申请。

港交所行政总裁李小加表示，经过四年的不懈努力，港交所终于推出新的上市制度，迎来了中国香港资本市场激动人心的新时代。但港交所要求：

①同股不同权的公司赴中国香港上市时，最低预期市值要达到400亿港元；如果市值少于400亿港元，则需要在最近一个财政年度收入不低于10亿港元。

②不同投票权只可以给予上市公司在上市时或者上市后的董事。

③且不同投票权股份的投票权不得超过普通股投票权的10倍。

2019年，阿里巴巴依据港交所关于允许"在海外上市企业到港进行第二上市"的改革，宣布在中国香港二次上市。

现在国内的非上市公司、科创板、创业板、新三板的公司都可以设AB股了。2021《公司法》征求意见稿，规定优先股和劣后股、特殊表决权股、转让受限股等股权种类。预计新《公司法》公布后，同股不同权制度在中国大陆将全面普及。

三、一致行动人协议

一致行动人协议是指公司股东通过协议安排，共同扩大对上市公司的股份表决权数量的行为。根据证监会发布的《上市公司收购管理办法》（2008年修订）第八十三条的规定，一致行动人是指通过协议、合作、关联方关系等合法途径扩大其对一个上市公司股份的控制比例，或者巩固其对上市公司的控制地位，在行使上市公司表决权时采取两个以上的自然人、法人或者其他组织的相同意思表示。一致行动人应当合并计算其所持有的股份。投资者计算其所持有的股份，应当既包括登记在其名下的股份，也包括登记在其一致行动人名下的股份。

一致行动人以"一致行动人协议"为基础，协议规定一致行动人在向股东大会、董事会行使提案权和在相关股东大会、董事会上行使表决权时保持一致。一般情况下，一致行动人在行使提案权和表决权之前会进行洽商，尽可能达成一致。如果没有达成一致，协议会明确规定以谁的意见为主进行提案或表决。

中国拟上市公司在上发审会前，如果大股东所持公司股份低于50%，通常会签署"一致行动人协议"，目的是表明公司有牢固的控制权。同时，经常在发起人股东限售股份解禁时解除"一致行动人协议"，此时解除协议，通常情况下是为了减持股份。

案例：马云是如何控制蚂蚁金服的

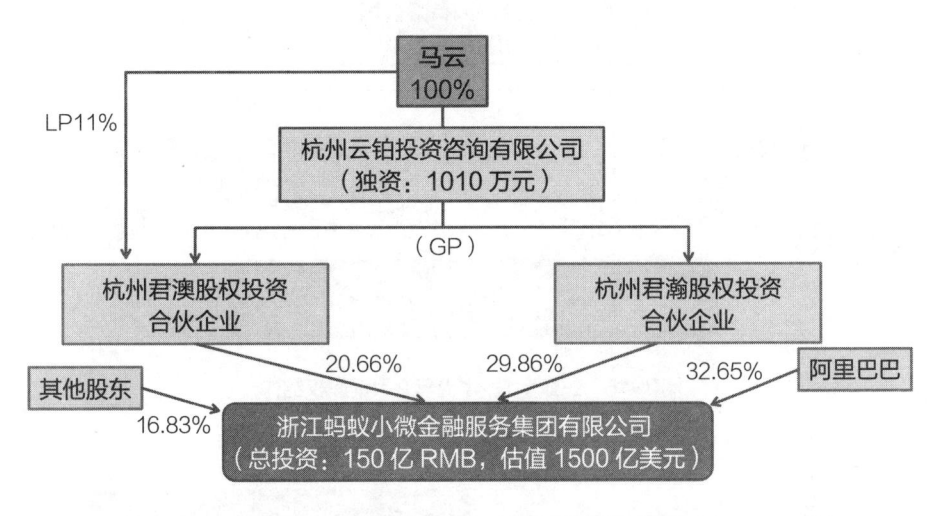

图3-14 蚂蚁金服2020年8月前股权结构

马云独资控制杭州云铂投资咨询有限公司（以下简称"杭州云铂"），而这家公司以GP身份同时获得杭州君澳股权投资合伙企业、杭州君瀚股权投资合伙企业所持股权的投票权，成为蚂蚁金服的大股东、实际控制人。

2020年8月21日，杭州云铂进行股权变更。变更后的股东由马云变成了马云、胡晓明、蒋芳、井贤栋，如表3-7所示。

表3-7　杭州云铂投资咨询有限公司股权结构

股东名称	认缴出资	实缴出资	占股比例	备　注
马云	343.4	343.4	34%	
胡晓明	222.2	222.2	22%	
蒋芳	222.2	222.2	22%	执行董事
井贤栋	222.2	222.2	22%	

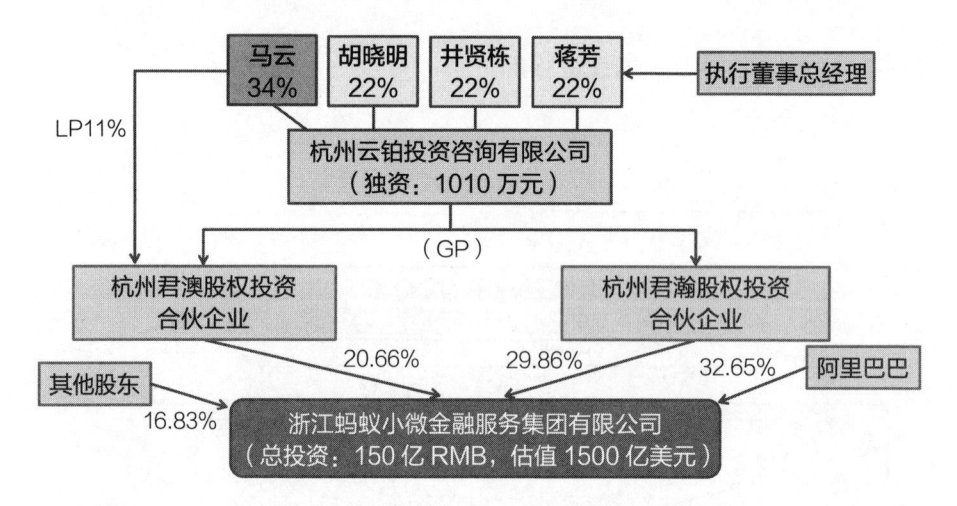

图3-15　蚂蚁金服2020年8月前股权结构

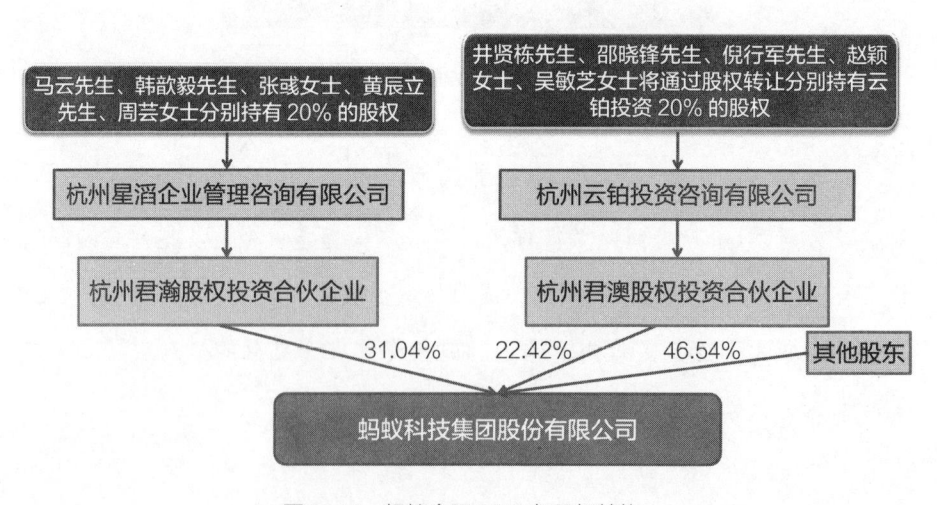

图3-16　蚂蚁金服2023年股权结构

从图3-15、图3-16的股权结构看，似乎马云放弃了一人控制权。其实不然，杭州云铂投资咨询有限公司股权结构变更的同时，四位股东签订了《一致行动协议》。其中，核心的两个条款是：

①杭州云铂对蚂蚁集团行使股东权力时，由杭州云铂股东会审议，需要经过股东所持表决权2/3以上批准（注：即胡晓明、蒋芳、井贤栋所持股权加总也达不到2/3的标准）。

②如果股东会决议达不到票数，无法通过的，其他股东应按马云的决定投票。

蚂蚁集团被暂停上市主要是因为在2020年11月3日的晚间，蚂蚁集团的实际控制人，以及主要管理部门被有关部门就蚂蚁集团存在的不符合发行上市的条件，以及信息披露问题进行了约谈。上海证券交易所发布《关于暂缓蚂蚁科技集团股份有限公司科创板上市的决定》，正式宣告蚂蚁集团暂停上市。

据蚂蚁集团此前公布的数据显示，2020年上半年蚂蚁集团的微贷科技平台共促成信贷余额2.15万亿元，以花呗、借呗为代表的消费信贷余额总计1.73万亿元，其中大部分贷款余额来自蚂蚁集团旗下两家小贷公司。**另自蚂蚁消费金融公司开业起一年过渡期内，两家小贷公司实现平稳有序的市场退出。**

监管部门要求，在蚂蚁集团整改的过程中要做到"**两不加、两不降**"，即"**不增加消费者成本、不增加金融机构等合作伙伴成本，不降低消费者服务体验、不降低风险防范标准和要求**"。

具体的整改方案：

目前董事会八名董事中包含四名独立董事（达到半数），下设包括风险管理与消费者权益保障委员会、ESG（环境、社会和公司治理）可持续发展委员会在内的六个专门委员会。在此基础上，计划继续引入第五名独立董事，实现董事会中独立董事过半数。

相关管理层成员不再担任阿里巴巴的合伙人，进一步提升公司治理的透明度和有效性，强化与股东阿里巴巴集团的隔离。

从马云及其一致行动人共同行使股份表决权，到包括蚂蚁集团管理层、员工代表和创始人马云在内的10名自然人分别独立行使股份表决权。2023年1月7日，各方分别签署《一致行动协议终止协议》《关于杭州云铂投资咨询有限公司之股权转让协议》《杭州君瀚股权投资合伙企业（有限合伙）入伙及退伙协议》《承诺函》等文件。

四、章程约定

章程是公司的规定，公司一般遵循"资本多数决"的原则，但是有限责任公司除有资合性特征外，人合性是其重要特征。因此，只要不违背公司法的强制性规定，公司法并不禁止股东自行约定股东会、董事会、经营层的权责，以及表决方式、表决比例。章程在公司法允许的范围内做出不一样的规定，是公司自治原则的体现，出现纠纷时，法院一般会予以尊重和认可。

《公司法》（2018年）第十一条规定，设立公司必须依法制定公司章程。公司章程对公司、股东、董事、监事、高级管理人员具有约束力。

这就让公司章程可以成为掌控公司控制权的有力途径。

（一）通过股东会设置控制权。

第三十七条 股东会行使下列职权：……（十一）公司章程规定的其他职权。

第九十九条 本法第三十七条第一款关于有限责任公司股东会职权的规定，适用于股份有限公司股东大会。

可见，公司章程可以约定有限责任公司和股份有限公司股东会的职权，即在法定的10项职权之外，增设其他的职权。

一般而言，增设股东会的职权，就是在调解股东会和董事会之间的权力边界。对于一些持股比例较高，而董事会席位较少的股东而言，章程中扩大股东会职权，并配合股东会的表决程序和表决方式的特别约定，就可以增强自身对公司发展的影响力，甚至控制权。

第四十二条 股东会会议由股东按照出资比例行使表决权，但是公司章程另有规定的除外。

第四十三条 股东会的议事方式和表决程序，除本法有规定的外，由公司章程规定。

依据以上规定，有的股东基于特殊原因，需要获得超越出资比例的表决权，或在公司章程中规定，除法律规定的特别多数（2/3以上）之外，对于某些事项，也必须经过股东（大）会特别多数甚至全体股东一致表决通过才能形成决议。

比如，甘肃省张掖市中级人民法院民事判决书【（2022）甘07民终301号】中的上诉人（原审被告）：甘肃张掖八冶金泰房地产开发有限公司，该公司《章程》第十七条明确规定，"股东会会议应对所议事项做出决议，决议应由全体股东表决通过，股东会应对所议事项的决定做出会议记录，出席会议的股东应当在会议记录上签名"。

（二）通过董事会设置控制权

第四十四条第三款 董事会设董事长一人，可以设副董事长。董事长、副董事长的产生办法由公司章程规定。

第四十五条 董事任期由公司章程规定，但每届任期不得超过三年。

第一百零八条第三款本法第四十五条关于有限责任公司董事任期的规定，适用于股份有限公司董事。

第四十六条 董事会对股东会负责，行使下列职权：……（十一）公司章程规定的其他职权。

第四十八条 董事会的议事方式和表决程序，除本法有规定的外，由公司章程规定。

第五十条第二款 执行董事的职权由公司章程规定。

①董事产生：强制股东在章程中可以规定更多的席位，或小股东可以在章程中要求董事产生采用"累积投票制"。

②董事会职权：可以在股东会法定10项职权之外，设定其他更多的职权。

③董事会的表决：在董事会的表决程序上，可以约定决议的通过比例，也可以对特别事项的通过机制设置绝对多数决。对小股东而言，为了反制大股东的控制权，这个"绝对多数"就是自己反对就是通不过。

④执行董事职权：设置执行董事的有限公司，往往规模较小，在确定执行董事职权时，可以考虑以董事会职权为参考，结合实际情况，对执行董事职权进行增减。

2021年《公司法》（征求意见稿）如果发布的话，中国将引入"授权资本制"，即可以授权董事会发行股份的权利。这有可能改变控制权，尤其是在被恶意收购时，能够发挥重要的作用。

第97条【授权资本制】：公司章程或者股东会可以授权董事会决定发行公司股份总数中设立时应发行股份数之外的部分，并可以对授权发行股份的期限和比例做出限制。

第164条【可能改变控制权的发行】：公司章程或股东会授权董事会决定发行新股时，董事会决议应当经全体董事三分之二以上通过。发行新股所代表的表决权数超过公司已发行股份代表的表决权总数百分之二十的，应当经股东会决议。

案例：阿里巴巴、拼多多都采用合伙人模式掌控控制权

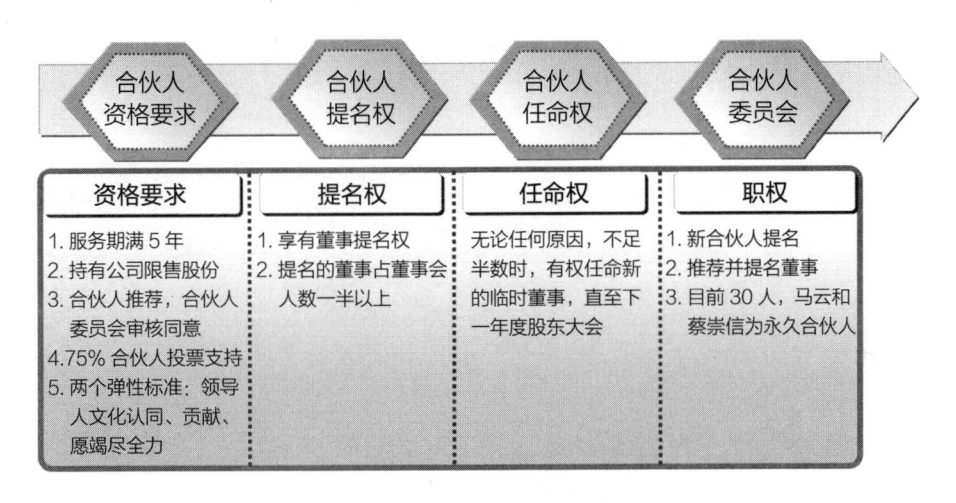

合伙人资格要求 → 合伙人提名权 → 合伙人任命权 → 合伙人委员会

资格要求	提名权	任命权	职权
1. 服务期满5年 2. 持有公司限售股份 3. 合伙人推荐，合伙人委员会审核同意 4. 75% 合伙人投票支持 5. 两个弹性标准：领导人文化认同、贡献、愿竭尽全力	1. 享有董事提名权 2. 提名的董事占董事会人数一半以上	无论任何原因，不足半数时，有权任命新的临时董事，直至下一年度股东大会	1. 新合伙人提名 2. 推荐并提名董事 3. 目前30人，马云和蔡崇信为永久合伙人

图3-17 阿里巴巴的合伙人机制

如图3-17所示，阿里巴巴通过合伙人机制，获得董事会半数以上席位，依据董事会"人数决"规则，把控董事会。同时规定，此合伙人机制需要经过股东大会股东所持表决权95%以上才能修改，并且就合伙人机制的稳定与头两大股东软银、雅虎达成约定。这样，只要马云或其团队持股5%以上，就能确保合伙人机制提名半数以上董事席位权限的持续，从而实现对董事会的控制。

当然，掌控公司控制权的方法不止以上四种，不同的公司、不同的创始人都会尽可能设计适合自身的办法，甚至是一些独特控制权方式。比如华为的工会持股方式等。

第四章

动态激励模式

第一节 激励模式的"3分法"和"7模式"

股权激励的模式多种多样，林林总总应该不少于10种，并且按照不同的标准会有不同的分类。除此之外，还有所谓的股权激励模式"变种"。在股权激励的发源地美国，随着法律法规的完善，慢慢衍生基于税制的"变种"、基于绩效的"变种"。比如基于绩效的股权期权又可以划分为以下几类：

①绩效加速股票期权，即根据绩效改变授予速度的股票期权。

②绩效授予股票期权，即根据绩效改变授予数量的股票期权。

③指数化股票期权，即根据一个确定的规则或一种外部指数的变动而变动股票期权的行权价格，如与整体指数、行业指数或选定的几家基准公司的股票价格挂钩。

④折价股票期权，即以低于授予日公允市价的行权价授予的股票期权，它能给授予人带来折价收益。

⑤溢价股票期权，即以高于授予日公允市价的行权价授予的股票期权。

在这里，我们按照激励对象便于理解的方式，按照激励标的来划分，常见的股权激励模式有以下三种：

一、现金模式（虚股）

现金模式：直接兑付的是现金，以股权权益来计量，没有授予真正的股份，所以是"虚股"。

现金模式主要有分红权、增值权、分红权+增值权三种。

二、股权模式（实股）

股权模式：直接兑付的是股份，但通过股份退出，通常可间接拿到现金。因为授予的是实实在在的股份，所以是"实股"。

股权模式相对比较多，主要有股票期权、限制性股票、现股或员工持股计划。

三、先分钱再分股模式（虚股转实股）

钱转股模式：直接兑付的是现金，但对该支付的现金并非一次性兑付，而是预留一部分或全部现金，在约定的时间以约定的价格转化为股份。这是"虚股"转"实股"，最终也是"实股"。

股权激励模式"3分法"的比较如表4-1所示。

表4-1 股权激励模式"3分法"的比较

模 式	计量工具	兑付标的	具体方式		
现金模式	股权权益	钱	分红权	增值权	分红权+增值权
股权模式	同上	股	股票期权	限制性股票	现股/持股计划
先分钱再转股模式	同上	钱+股 先钱后股	先分钱，再部分或全部现金转化为股权		

第二节 股权激励的现金模式

一、分红权

（一）分红权概述

分红权激励，是指企业股东将部分分配利润的权利奖励给企业董事、高级管理人员、核心技术人员和业务骨干人员等的激励方式，主要采用岗位分红和项目收益分红方式，或者定额分红方式和超额分红方式。

我国晋商管理智慧中的"身股"就类似现在的分红权。晋商采用的"身股"制度直到1949年新中国成立后才逐渐消失，经历了三百多年的历史。

另外，在我国民间特别是民营企业，还有"干股"的说法。"干股"即虚拟股，是指未出资而获得的股份，但其实"干股"并不是指真正的股份，而应该指假设这个人拥有这么多的股份，并按照相应比例分取红利。持有"干股"的人都不具有对公司的实际控制权。干股类似"分红权"，源于晋商的"身股"制度。

《中华人民共和国公司法》（以下简称公司法）第三十五条规定："股东按照实缴的出资比例分取红利；公司新增资本时，股东有权优先按照实缴的出资比例认缴出资。但是，全体股东约定不按照出资比例分取红利或者不按照出资比例优先认缴出资的除外。"在这里需明确以下基本内容：

①公司股东作为出资者，按投入公司的资本额享有所有者的资产权益，这种资产受益的权利就包含股东的分红权。企业股东可以将分红权转让或赠予其他人。受让人或受赠人成为该产权的受益人，不拥有该产权的其他权利。

②公司股东获取的分红比例等同于该股东的出资比例，但是"全体股东约定不按照出资比例分取红利的除外"。也就是说，只要全体股东约定，没有出资的人也可以分取红利。这就意味着企业可以让现有股东拿出一部分分红实行激励，而激励对象也可以不是公司的股东。

（二）上市公司采用的分红方式

目前，上市公司主要采取现金股利和股票股利两种分红方式。

现金股利，是指把现金当作分派给股东的股利，这是最常见的分红方式。大多数投资者都有落袋为安的心理，故喜欢现金分红，因为到手的是实实在在的利润。上市公司分派现金股利的多少，往往反映了公司现金是否充沛、经营是否稳健，所以企业发放现金股利，可以激发投资者的信心。现金股利侧重反映近期利益，对于看重近期利益的股东很有吸引力。

股票股利，是指公司用无偿增发新股的方式支付股利。采用这种方式，既不减少公司的现金，又可使股东分享股票权益，还可以免交个人所得税，因而对长期投资者更有利。股票股利侧重反映长远利益，对看重公司的潜在发展能力而不太计较即期分红多少的股东更具有吸引力。

（三）分派现金股利的法律依据

1.《公司法》的相关规定

现金股利的分派，应遵守《公司法》第一百六十七条的规定。

①公司分配当年税后利润时，应当提取利润的10%列入公司法定公积

金。公司法定公积金累计额为公司注册资本的50%以上的，可以不再提取。

②公司的法定公积金不足以弥补以前年度亏损的，在依照前款规定提取法定公积金之前，应当先用当年利润弥补亏损。

③公司从税后利润中提取法定公积金后，经股东会或者股东大会决议，还可以从税后利润中提取任意公积金。

④公司弥补亏损和提取公积金后所余税后利润，有限责任公司依照本法第三十五条的规定分配；股份有限公司按照股东持有的股份比例分配，但股份有限公司章程规定不按持股比例分配的除外。

⑤股东会、股东大会或者董事会违反前款规定，在公司弥补亏损和提取法定公积金之前向股东分配利润的，股东必须将违反规定分配的利润退还公司。

⑥公司持有的本公司股份不得分配利润。

2.《关于修改上市公司现金分红若干规定的决定》的规定

2008年10月7日，中国证券监督管理委员会第240次主席办公会议审议通过《关于修改上市公司现金分红若干规定的决定》（以下简称《决定》），自2008年10月9日起施行。《决定》明确作出如下规定：

①公司应当在章程中明确现金分红政策，利润分配政策应保持连续性和稳定性。

②最近三年以现金方式累计分配的利润不少于最近三年实现的年均可分配利润的30%。

③上市公司（在年度报告中）应披露本次利润分配预案或资本公积金转增股本预案。对于本报告期内盈利但未提出现金利润分配预案的公司，应详细说明未分红的原因、未用于分红的资金留存公司的用途。公司还应披露现金分红政策在本报告期的执行情况，同时应当以列表的方式明确披露公司前三年现金分红的数额、与净利润的比率。

以上这些法律法规，是分红权的主要法理依据。

分红权是股东最愿意让渡的核心股票权益，分红权的激励方式，目前在企业中非常普遍，一般采用定额分红权或超额分红权，也有的采用岗位分红权或项目分红权。下面我们将详述定额分红权和超额分红权及相关案例。

案例：定额分红权设计

定额分红，顾名思义，就是依据预先确定的比例把在一定时间内实现的利润分配给激励对象。定额分红权就是授予激励对象一定比例的利润分配的权利。

设计定额分红权要明确以下几项内容：

1. 确定激励对象

分红权的激励对象往往是某一利润单元的经营班子成员，也可以包括该利润单元中的核心技术人员和业务骨干。

通常情况下，首先应明确该利润单元的第一责任人，一般是总经理。他是第一激励对象，分红比例最高。其次，由第一责任人提出经营班子中需要纳入激励对象的成员。最后，由第一责任人与其他作为激励对象的经营班子成员一起，经过分析评估后提出纳入激励对象的其他核心技术人员和业务骨干。在这里，关键要确定第一激励对象的分配比例，原则上要有足够的激励作用，企业要激励、关注的首先就是第一激励对象。通常情况下，第一激励对象分配的额度或比例应该为其他经营班子成员平均额度或比例的3倍左右，至少不应低于2倍。

2. 确定激励数量

股权激励的数量是以股票权益来计量的。假设将公司10%的分红权赠予激励对象，这个10%相当于多少股份与公司的总股本数量密切相关。假设公司的总股本虚拟为1000万股，则10%为100万股；假设虚拟为1万股，则10%为1000股。

虚拟总股本的数量，既要考虑激励对象的数量，也要考虑公司净资产的价值。假设激励对象有100人，如总股本为1000股，10%为100股，则平均每人为1股；如果总股本为1000万股，10%为100万股，则平均每人为1万股。尽管1股与1万股的价值相当，但是激励对象的感受非常不同。这个问题将在第十章"股权激励的艺术性"中详述。

此外，总股本的多少还要考虑公司的净资产，假设净资产为10万元，你若虚拟公司的总股本为1000万股，激励对象可能会觉得你在"画饼"。当然，对于很多轻资产公司而言，如果不考虑无形资产，一般净资产的价值很低，但是公司的价值并不一定低。如果是这种情况，尚可多虚拟总股本，但应遵循一个原则，即获得激励对象的认同。

在本案例中，我们假定公司总股本为1000万股，赠予激励对象10%的分红权，即相当于100万股的分红权。

3. 定价格

假设公司的净资产为1000万元，按照净资产作价1股为1元，则对于1000万元总股本而言，10%的总股本为100万元。

一般来说，分红权并不需要激励对象支付现金认购，而是直接赠予。也有的公司在分红权方案中规定激励对象要支付一定的现金，但对这部分现金款项的规定主要有三个目的：

①让激励对象形成获取收益就要支付对价的心理认知。

②表明此分红权的价值，并探查激励对象对公司发展的信心。

③作为分红权的押金。比如娃哈哈公司在分配分红权时就向激励对象收取了押金。

4. 定规矩

（1）业绩考核

通常情况下，股权激励与业绩考核是对应的。分红权的大小除与利润单元创造的利润多少相关外，还与其他考核指标相关。一般来说，考核指标取决于利润单元的战略，通常有如下几个指标可供选择：

①息税折旧摊销前利润（EBITDA）。该指标用于揭示应归属于企业当期的通过自主经营所创造的现金利润。

②现金周转期（CCC）。该指标包含应收账款周转天数、应付账款周转天数、存货周转天数，用于揭示企业的运营效率。

③经营性现金流（CFO）。该指标用于揭示企业自主经营业务创造和消耗现金的能力/状况。

④合同额。

⑤收入额。

⑥净利润。

⑦净利润增长率。

……

（2）其他规矩

除了业绩考核，企业还要确定如下规矩：

①分红核算与发放规矩。

②如果违反禁止行为规定该如何处理的规矩，即退出的规矩。

③如果员工离职该如何处理的规矩，即离职的规矩。

④如果业绩不达标该如何处理的规矩等。

案例：超额分红权设计

相较定额分红权，超额分红权是指超出利润目标后的分红权。比如目标利润是1000万元，利润单元A当年实际实现利润1500万元，则超额利润为1500-1000=500万元。如果确定分红比例为30%，则利润单元A可以获得500×30%=150万元的分红。

超额分红在连锁经营行业的应用非常普遍，一是连锁经营各门店经营的物品和服务相同或相近，经营相对简单，对店员的创新要求低；二是连锁经营门店的经营好坏与店员的努力程度密切相关。这与科技型企业有所区别，所以在科技型企业尤其是科技含量比较高的企业，较少实施超额分红权的激励方案。

实施超额分红面临如下几个难题，企业应多加注意。

1. 利润目标如何确定

为了避免产生短期行为，一般一次性制定三年的超额分红方案，而不是每年制定一次。

在超额分红方案中，利润目标是一个非常核心、敏感的问题，往往成为激励对象和公司之间博弈的焦点，成为一个此消彼长的难题。利润目标定得高，就意味着超额难、完成同样的实际利润时超额少、激励少；利润目标定得低，就意味着超额易、完成同样的实际利润时超额多、激励多。

如何确定合适的利润目标呢？总体原则：一是合情合理；二是双方达成一致而绝不能强加于对方。对公司而言，利润目标并不是越高越好，利润目标太高，激励对象认定跳起来也够不到，那就没有任何激励作用；对激励对象而言，利润目标并不是越低越好，利润目标太低，导致超额完成额很高，激励额度很大，股东心理不平衡，势必导致该超额分红方案被修订，难免影响股东和核心员工之间的信任关系。

如何做到合情合理呢？公司的利润除了受到经营班子的工作态度、努力程度影响外，还受经济发展状况、国家政策法规等客观因素的影响。所以，公司每年实现的利润往往是波动的，只是波动幅度有大有小罢了。

确定利润目标前，最好能够先调研，提取如下几个数值：

A：前一年实现的利润是多少？

B：该利润单元前三年实现的平均利润是多少？

C：该利润单元前三年的平均利润增长率是多少？

D：该项业务当年预测的市场增长率大约是多少？

E：该利润单元上一年度末占用公司的净资产是多少？

通常可以借鉴的利润目标计算方法如表4-2所示。

表4-2　六种利润目标核算办法

利润目标	公司状况描述
①A上一年利润×折扣率	适用于利润主要受经营班子的工作态度、努力程度的影响；利润空间面临天花板、上升空间比较小的公司，比如五金连锁店
②B前三年平均利润	一般适用于经营市场波动较大；业务面临转型升级、利润增长空间有限的公司。常见业务下行趋势显现，要稳定、要持续的情况
③B×（1+C）	四平八稳、中庸的方法，反映了一种守业的心态
④A×（1+D）	这是一种"跟上市场"的方法，意思是按照现有的利润基础、市场增长率发展就可以了，反映了一种"别掉队"的心态
⑤A×（1+D）×大于1的系数	反映了按照现有的利润基础，超越市场增长率发展的要求，反映的是一种"超越竞争对手"的心态
⑥[B/A]×（1+D）]+E×资金成本	这是一种最市场化的、颇具生意人风格的方法，意思是利润单元既要按照不低于市场增长率的目标增长，又要加上占用的净资产的资金成本。资金密集型增长较快的业务

A：上一年实现的利润

B：前三年实现的利润平均值

C：前三年增长率

D：当年市场增长率

E：占用公司的净资产

假设：

2020年实现的利润为1000万元，即A=1000万元。

2021年市场增长率为20%，即D=20%。

利润单元2020年经审计的合并财务会计报告期末净资产为500万元，即E=500万元。

资金成本按照一年期同期银行存款基准利率计算，2021年的利率为4%，预测2022年和2023年利率分别为3%、2%。

则第一个激励年度2021年的利润目标为：1000×（1+20%）+500×4%=1220万元。

用同样的假设计算出2022年、2023年的利润目标，详见表4-3。

表4-3　三年利润目标的测算结果

时间	上一年度利润目标（万元）	当年预测的市场增长率	当年占用的净资产（万元）	当年存款基准利率	利润目标（万元）
2021年	1000	20%	500	4%	1220
2022年	1220	15%	950	3%	1431.5
2023年	1431.5	15%	1500	2%	1676

2.超额分红比例如何确定

超额分红比例的确定同样是一个敏感问题，它与利润目标有同比关系，是"孪生姐妹"。利润目标高，超额分红比例也应该高。

（1）确定超额分红比例的原则

前文提到，确定利润目标的总原则：一是合情合理；二是双方达成一致而绝不能强加于对方。那么，确定超额分红比例应遵循哪些原则呢？我们认为应遵循如下两个总原则：

①双方达成一致而绝不能强加于对方。

②要让激励对象产生"我要干""我为自己干"的心理。

（2）影响超额分红比例的因素

针对上述不同的确定利润目标的方法，超额分红比例也应该是不同的。利润目标越保守，超额分红比例越低；利润目标越激进，超额分红比例越高。

如果采用第6种方法，则可确定2021年—2023年的利润目标分别为1220万元、1431.5万元、1676万元。

①相对于2020年的利润增长率，2021年为22%，2022年为43.5%，

2023年为67.6%。可见，利润增长率较高。在保证高目标利润增长率的前提下，必须超出这个高增长率，才有可能进行超额分红。

②这个利润目标既考虑了市场增长率，也考虑了资金成本，能够非常严格地考虑并保障股东的权益，公司也获得了较高的增长。

所以，在这种情况下，我们认为针对业绩取决于经营者的行业，比如连锁门店、连锁餐厅，超额分红比例一定要超过50%，可以在70%左右；对于科技企业来说，比例一般要低很多。

（3）对股东的影响

依据我们的经验，针对业绩取决于经营者的行业，超额分红比例大于等于50%时，才有可能让激励对象产生"我要干""我为自己干"的心理；达到70%时，能够让更多的激励对象产生"我要干""我为自己干"的心理。

在这种情况下，股东千万不要产生不平衡的心理，希望各位老板能够认真思考、细细品味如下三点：

①激励对象分得多，说明公司得到的更多。

②老板常常说教，希望员工把公司当作自己的公司，视公司为家。如果要将此观念落到实处，老板在对待员工尤其是核心员工时，不能仅仅把员工当作雇员，而应把员工当作自己的合作伙伴，这个道理在本书第一章里有详细的阐述。

③实施这种激励机制后，老板会发现，公司发生了巨大的变化，激励对象能够自觉、自发、自愿地工作，公司整体上形成了奋发向上的氛围，原来那种上班"神游"、下班走人的现象再难见到，老板也轻松了。

这并不难理解，原来老板是火车头，车厢越多，拉得越累；现在，各个车厢都有动力单元，普通火车升级为动车。如此，何乐而不为呢？

3.如果第一年就完成了第二年的利润目标怎么办

设定三年目标利润后，假如第一年就完成了第二年的目标利润，该怎么办呢？

比如2020—2023年的利润目标分别为1220万元、1431.5万元、1676万元。第一年完成了1550万元，超额330万元。在这种情况下，我们需要重新设定目标吗？

我们应该详细分析第一年利润高的原因。如果设定利润目标的原则和方法没有问题，那一定是客观原因导致的。如果是前者，老板应该与激励对象坐下来协商，找出原来设定利润目标的问题，重新设定利润目标，并且双方一定要达成一致；如果是客观原因导致的，除非这一客观原因会长期存在，继续对第二年的经营产生类似的正向影响，否则不应该提高利润目标，以维护企业的信誉、保障激励对象的利益。

4.某一年没有完成利润目标怎么办

商场如战场，战场上难有常胜将军，商场上难有永远稳定的增长。

公司设定三年利润目标后，假如第二年没有完成利润目标，该怎么办呢？

比如某公司2020—2023年的利润目标分别为1220万元、1431.5万元、1676万元，第一年完成了1500万元，超额280万元，假定分红比例为60%，则获得分红168万元。但是第二年只完成了1400万元，离目标差31.5万元。

在这种情况下，第二年没有分红，前两年合计超出目标利润为：168-31.5=136.5万元。

①第一年的分红是否可以全额兑现？一般情况下，第一年的超额分红应该兑现，除非企业与激励对象提前约定如果某一年度没有完成利润目标，采用以超额分红进行弥补或部分弥补的规则。如果设置这样的规则，一般是三年算总账。从我们经手的案例来看，一般在定额分红计划中设置这样的规则，而在超额分红计划中少见这样的规则。主要原因是，超额分红对激励对象的要求更高，对股东的权益更有保障。

②第二年的利润目标没有完成怎么办？如果一笔勾销，那么很容易出现道德风险，因为在权责发生制的财务制度面前，经营班子完全有可能延

迟或提前确认收入。如果不能一笔勾销，该怎么办呢？通常的解决方法是，将第三年的原利润目标加上第二年欠缺的利润目标作为第三年的新利润目标。

如果第一年的分红全额兑现，第二年欠缺的利润仍然为31.5万元，则第三年的利润目标就变为：1676+31.5=1707.5元。

如果第三年刚好完成1707.5万元，第一年的分红应该给吗？如何给呢？这就引申了一个问题——年度分红的支付模式。如果第一年的168万元分红一次性拿走，会对企业的责任和保障造成缺失，比较好的做法是递延支付。

5.现金分红支付模式

（1）现金分红支付模式的考虑因素

分红，不论是定额分红还是超额分红，都是一种短期激励。现金分红的支付模式主要基于如下考虑：

①将短期激励转化为相对长期的激励。

②设置离职后不再支付的规则，形成了对激励对象服务期的约束。

③避免激励对象的短期行为。

④化解企业即期的现金压力。

⑤平衡分红权方案有效期内业绩目标的波动，避免完成目标有分红激励、没有完成业绩的年度没有约束的情况发生。

（2）兑现方式

在分红权方案实施过程中，分红往往不是即期一次性支付的，兑现的方式有如下几种：

①一年一核算，一年一分红。每年年终，依据当年年度业绩目标完成情况，核算定额分红或超额分红的总额。

②递延支付。分两年、三年或四年支付，较为普遍的做法是分三年递减式支付。

现金分红递延支付方式如图4-1所示。

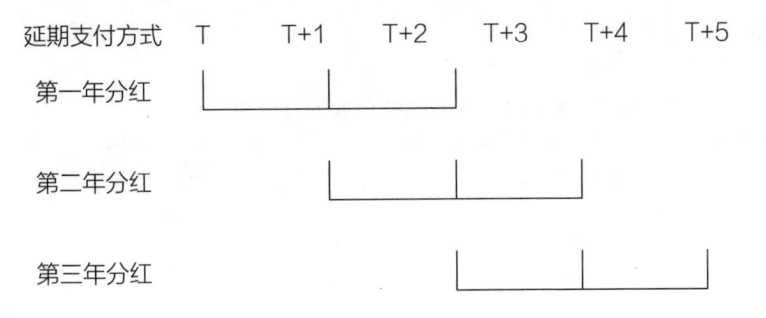

```
延期支付方式    T    T+1    T+2    T+3    T+4    T+5
第一年分红      |——————|——————|
第二年分红             |——————|——————|
第三年分红                    |——————|——————|
```

图4-1 现金分红递延支付方式

③部分支付现金，部分留存认购企业实股。此部分内容将在本章后面的虚股转实股方式中阐述。

6.适合的企业特点

在分红权方案中，股东让渡的仅仅是分红权益，增值权、投票权、处置权等还在股东的手中，不会稀释股东的股份，但是会对公司造成现金压力。激励对象往往不需要支付现金认购，有时需要支付押金，所以不会对激励对象造成较大的资金压力。因此，分红权方案适合现金充沛、利润丰厚稳定、不想或不能稀释股权的企业。

案例：永辉的合伙人制度

①激励模式：超额分红。

②激励对象：门店全体全日制员工（小时工、实习生、培训生等）。

③激励前提：门店销售达成率≥100%，利润总额达成率≥100%。

④奖金包：

门店奖金包＝门店利润总额超额/减亏部分×30%

门店利润总额超额/减亏部分＝实际值—目标值

门店奖金包上限：门店奖金包≥30万元时，奖金包30万元为上限。

⑤奖金包的分配。

表4-4 各职级能获取的奖金包比例

职级	能获取的奖金包比例
店长（含店助）	8%
经理级	9%
课长级	13%
员工级	70%

⑥奖金计算。

表4-5 各职级获取奖金的计算

职级	个人奖金
店长（含店助）	店长级奖金包×出勤系数
经理级	经理级奖金包÷经理级总份数×对应分配系数×出勤系数
课长级	课长级奖金包÷课长级总份数×对应分配系数×出勤系数
员工级	员工级奖金包÷员工级总份数×对应分配系数×出勤系数

⑦说明。

分配系数：按部门毛利达成率的排名情况，确定各部门对应分配系数。排名第1到第4的分配系数，分别为1.5、1.3、1.2、1.1，后勤1.0。

总份数=∑各部门同职级人员人数×部门毛利额达成率排名对应分配系数

出勤系数=（当季应出勤天数－事假/病假/产假/工伤假天数）÷当季应出勤天数

按季度结算，奖金与次月工资一起发放。

案例：××××业务单元经营班子超额分红实施办法

第一条　目的和依据。

第二条　适用范围。

第三条　超额分红的定义。

第四条　超额分红的核算办法。

①当业务单元年度实际完成净利润超过年度目标净利润的100%时，开始核算分红。

②分红额的计算公式为：

分红额=超额利润（W）×分红比例（Y）×回款系数（Z）

③超额利润（W）的计算公式为：

W=年度实际完成净利润－年度目标净利润

考虑业务单元的经营情况，并依据利润完成率（X）确定分红比例（Y）。

④回款系数（Z）的计算公式为：

Z=年度实际回款额÷年度含税销售收入

式中：$0<Z \leq 1$

⑤经营指标实际完成额的核算方法和核算结果，由公司财务主管部门确定，年度经营目标以公司下达的目标为准。

⑥适用本办法的业务单元不再适用原《年薪制人员年薪发放办法》中有关奖励年薪的规定。

第五条　超额分红的分配。

①超额分红金额由人力资源主管部门核算。

②超额分红依据贡献大小分配。

③超额分红的分配由业务单元总经理向董事长提案，业务单元董事会审批并报公司人力资源主管部门备案后执行。

④业务单元总经理和专职董事长个人分享的超额分红不低于该经营团

队平均所获分红的3倍；兼职董事长个人分享的超额分红依据其与该业务单元经营指标的挂钩比例进行分配。

⑤业务单元可以拿出部分超额分红激励本业务单元做出突出贡献的其他员工，非本业务单元的任何人员不得分享该业务单元的超额分红。

第六条 超额分红的发放。

①超额分红以奖金的方式发放，其中50%的超额分红须在一个季度内从二级市场购买××股票。激励对象购买股票的时间若与有关法律法规和规章相抵触，则上述一个季度的期限顺延。

②激励对象使用超额分红所购买的××股票锁定期为一年。

③激励对象转让其持有的股票，应当符合《中华人民共和国公司法》《中华人民共和国证券法》《公司章程》以及中国证监会和深圳证券交易所有关法律法规的规定。

④若激励对象未按规定从二级市场购买××股票，则本年度的超额分红款将被收回或冲抵该奖励对象的薪酬，并取消下一年度的超额分红资格。

⑤超额分红发放所产生的税费由激励对象个人承担。

第七条 附则

北京××××有限公司
2021年5月18日

二、增值权

（一）虚拟增值权/现金增值权

股票增值权是指公司给予激励对象一种权利，如果公司股价上升，激励对象可通过行权获得相应数量的股价升值收益。激励对象不用为行权付出现金，不用实际认购股票，即可以在规定时间内获得规定数量的股票股价上升所带来的收益（期末股票市价－约定价格），但不拥有这些股票的所有权，自然也不拥有表决权、分红权、处置权。

由于激励对象并未实际购买股票，故可避免"激励风险"的发生。

按照合同的具体规定，股票增值权的实现可以是全额兑现，也可以是部分兑现。另外，股票增值权的实施可以用现金实施，也可以折合成股票来实施，还可以采用现金和股票组合的形式。

股票增值权通常以现金形式实施，有时也叫现金增值权。由于增值权并不实际认购股票，仅通过模拟股票市场价格变化的方式，在规定时段获得由公司支付的行权价格与行权日市场价格之间的差额，故也称之为虚拟股票增值权。

非上市公司在操作中多以账面价值，即每股净资产作为计价标准，行权收益等于行权时的每股净资产减去授予时的每股净资产，差额部分由公司以现金形式支付。如果在有效期内，每股价值低于当初授予时的价值，则差额为负数，激励对象可以放弃，也不会行权。

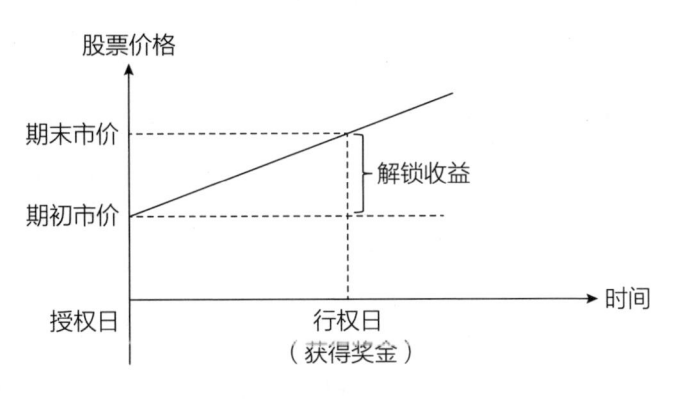

1.增值权的收益模式

增值权的收益模式如图4-2所示。

图4-2 增值权的收益模式

2.股票增值权的利弊

股票增值权的有利之处体现在以下几个方面：
①不影响公司的股本结构，不会稀释原有股东的股权比例。
②激励对象不需要支付行权资金。

股票增值权的不利之处在于，公司往往需要以现金形式支付，会给公司造成较大的现金支付压力。

股票增值权与分红权最大的差别在于，股票增值权更注重未来的增长性，只有每股价值增长，员工才能获得收益；分红权则更多关注过去和现在的业绩。

案例：百视通公司首期股票增值权激励计划

百视通新媒体股份有限公司（简称"百事通"，股票代码：600637）是上海广播电视台旗下，由上海东方传媒集团有限公司（SMG）控股的新媒体上市企业。2015年，百视通及东方明珠于3月20日晚间双双发布公告，披露百视通以新增股份换股吸收合并东方明珠交易报告书草案。后来，百视通于2016年6月19日更名为"东方明珠"。

1.定激励模式

本计划采取股票增值权模式。本计划下授予的每份股票增值权，在满足生效条件和生效安排的情况下，可以获得一股本公司A股普通股股票行权日市价高于行权价格的增值部分收益，由公司以现金形式支付。

2.定人

本计划授予的激励对象为本公司的外籍管理人员，不包括独立董事、监事和持股5%以上的非国有股东。激励对象总人数为2人。

3.定量

本计划不涉及真实股票交易，所涉及公司虚拟标的股票总数为13.43万股，相当于公司股本总额的0.012%。在股票增值权有效期内若发生资本公积金转增股本、派发股票红利、股份拆细、缩股、配股和增发等事宜，股票增值权数量及所涉及的虚拟标的股票数量将根据本计划相关规定进行调整。

4.定价

本计划下授予的股票增值权行权价格为44.33元。在本计划下授予的股票增值权在有效期内发生派息、资本公积转增股本、派发股票红利、股份拆细或缩股、配股等事宜，行权价格将根据本计划的相关规定进行调整。

5.定时

自授予日起24个月内不得行权，24个月后分3个行权年度，每年生效1/3。激励对象个人生效数量还需根据其上一年度个人绩效考核结果进行调整，但实际生效数量不得超过个人本次获授总量的1/3。

6.定股票来源

本计划不涉及真实股票交易，虚拟标的股票为公司A股普通股股票。

7.定业绩条件

公司满足以下条件时，本计划下授予的股票增值权方可按照生效安排生效。

①以2013年为基准年，百视通营业收入年复合增长率不低于25%，且不低于对标企业同期75分位水平。

②百视通净资产收益率分别不低于14.5%、15.0%和15.5%，且不低于对标企业同期75分位水平。

③扣除非经常性损益的净利润均不得低于授予日前最近3个会计年度的平均水平，且不得为负。

8.定最高收益

由于百视通是国企，在此激励计划中还规定了激励对象激励收益的上限。激励对象个人的实际激励收益最高不超过本期激励授予时其薪酬总水平的40%（按3年基准计算）。个人实际激励收益水平超出上述水平的，超过部分的奖金不予发放。如果授予股票增值权之后，相关监管机构对股权激励行权收益的规定有所调整，本条款也可进行相应的修改。

本案例有如下特点：

①本案例采用了国内深市和沪市上市公司中很少见的增值权激励方案。

②激励对象仅有2人，是上市公司中激励对象最少的股权激励计划。

③激励对象是外籍高管。在《上市公司股权激励管理办法》正式实施前，所有股票期权方案和限制性股票方案中从未出现过外籍人员成为激励对象的情况。

本案例之所以呈现上述特点，原因在于公司对国内政策的规避。

案例中，公司采取增值权激励方案的原因，我们认为可能是本计划于2014年公布时适用的《上市公司股权激励管理办法（试行）》（证监公司字〔2005〕151号）没有允许外籍人员参与股票期权或限制性股票计划。

自2016年8月13日起，《上市公司股权激励管理办法》正式实施，明确在境内工作的外籍员工可以成为激励对象。随着资本市场的国际化，上市公司对外籍员工的股权激励需求日益突显，因此《上市公司股权激励管理办法》明确在境内工作的外籍员工可以依规申请开立专用证券账户参与股权激励。对于实际工作地点在境外的外籍员工，因其实际工作地、居住地、缴税地均在境外，参与股权激励将涉及A股的跨境发行，存在一定障碍，故未纳入规定。

（二）适合的企业特点

股票增值权不会稀释公司股东的股份，在激励对象行权时，公司需要支付现金，故会对公司形成现金压力。

股票增值权方案适合现金充沛、利润丰厚且稳定的企业，或净资产增值快速的企业。

第三节 股权激励的股权模式

一、员工持股计划

（一）员工持股计划的出现

员工持股计划，是指上市公司根据员工的意愿，通过合法的方式使员工获得本公司股票并长期持有，股份权益按约定分配给员工的制度安排。员工持股计划的参与对象为公司员工，包括管理人员。

员工持股计划也是一种现股模式，由员工持有本公司股权或股票。员工持股计划源于美国。现代市场经济的发展、科技的进步和经济全球化促使资本，尤其是货币资本获得越来越大的回报，从而导致有钱的更有钱、没钱的更没钱，这也使财富急剧集中、贫富差距迅速扩大。这种严重的分配不公，已成为影响社会稳定和阻碍生产力发展的隐患。

为此，美国经济学家刘易斯·凯尔索提议，建立一种使产权分散化，让员工都能获取生产性资源，实现劳动收入和资本收入共同促进经济增长和社会稳定的制度。员工持股计划就是为实现这一目标制定的一种方案。

为了贯彻落实党的十八届三中全会和《国务院关于进一步促进资本市场健康发展的若干意见》（国发〔2014〕17号）精神，经国务院同意，2014年6月20日，中国证监会制定并发布《关于上市公司实施员工持股计划试点的指导意见》（以下简称《指导意见》），在上市公司中开展员工持股计划试点工作。

自《指导意见》发布以来，沪深两市上市公司迅速形成一股员工持股计划热潮。据统计，自2015年以来，截至2016年1月28日，A股总计有371家上市公司推出了总计399次员工持股计划，其中有197家上市公司实施了总计202次员工持股计划。其中，很多上市公司为了解决资金来源问题，采用含有杠杆条件的结构化资产产品。2014年10月28日，《每日经济新闻》刊发《员工持股计划掀高潮 结构化产品"借船出海"》一文，对结构化产品参与员工持股计划进行了报道。文章指出："在这一类产品中，上市公司员工自筹部分资金的同时，再引入一部分外部资金，外部资金每年都将享受稳定的收益，而员工自筹资金部分则承担股价波动所带来的收益及损失，这一方式也放大了股价波动对上市公司员工利益的影响。"

果不其然，2015年中国股市剧烈震荡，多员工持股计划跌破购买价，尤其是带有杠杆条件的结构化产品更是损失惨重。受A股波动的影响，相关数据显示，截至2016年1月28日，137家上市公司的139次员工持股计划出现浮亏，这意味着68.8%的员工持股计划已经亏损。

（二）员工持股计划的主要模式

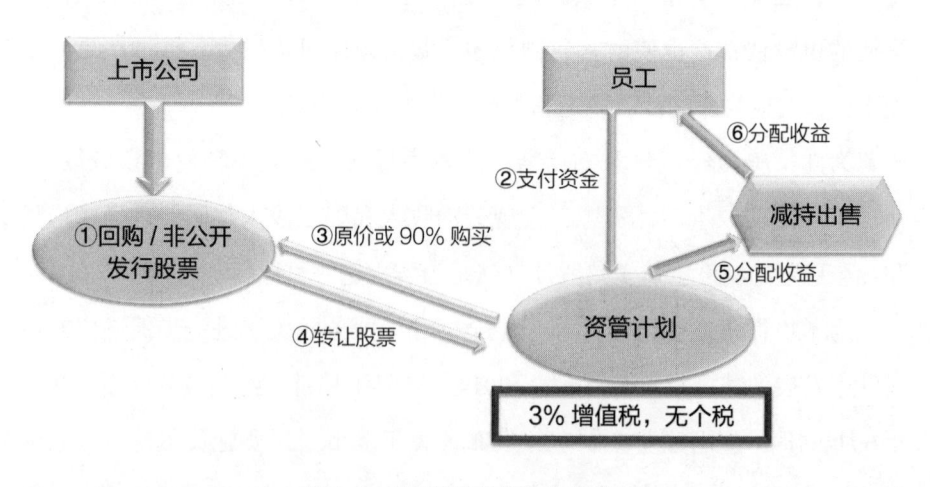

图4-3 员工持股计划实施模式1

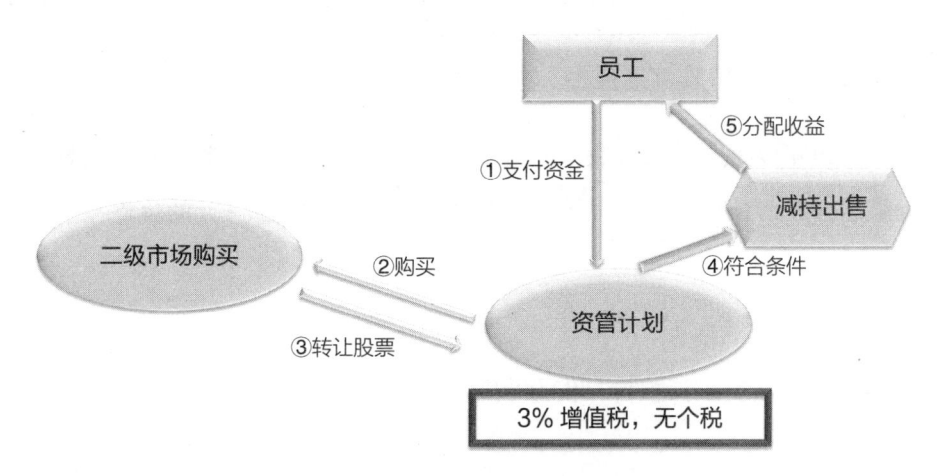

图4-4　员工持股计划实施模式2

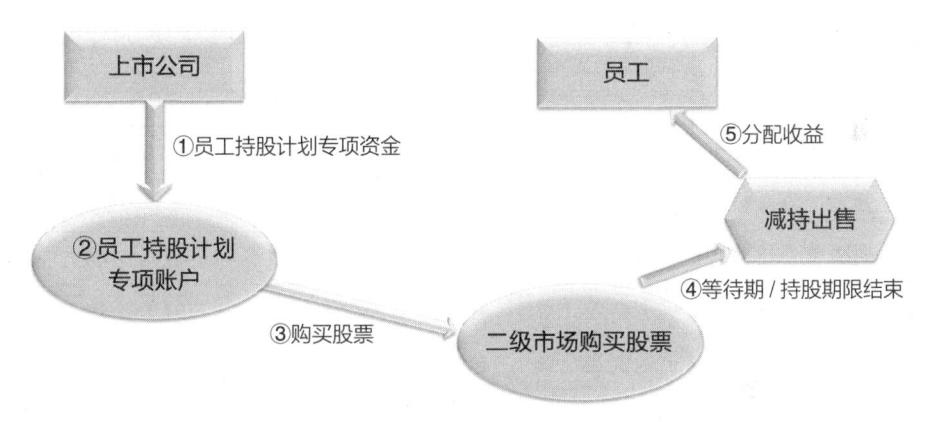

图4-5　员工持股计划实施模式3

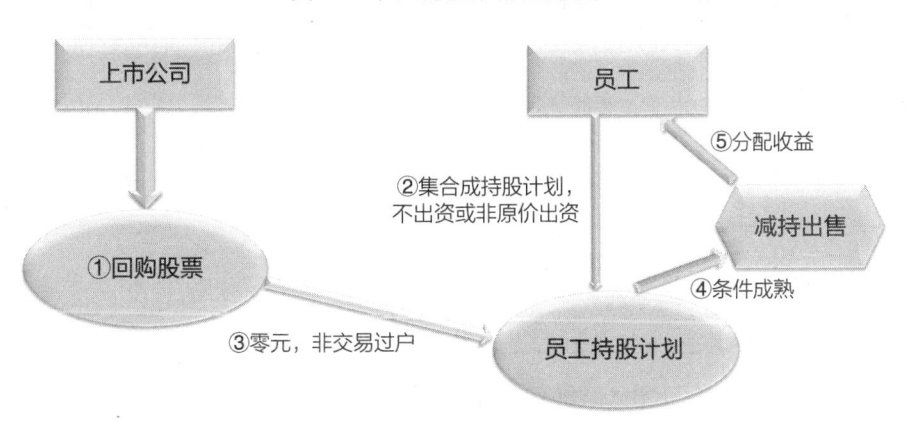

图4-6　员工持股计划实施模式4

（三）员工持股计划怪相

2020年以来，员工持股计划似乎又热了，不少企业将股票奖励计划或者限制性股票计划包装成"员工持股计划"，并以0元或1元的价格授予员工。

案例：包装成员工持股计划的案例摘选

表4-6　包装成员工持股计划的案例摘选

代码	公司简称	方式	授予价格	股票来源	回购价格（元/股）
002877	智能自控	员工持股计划	1元/股	公司回购	7.05~7.85
002024	苏宁易购	员工持股计划	1元/股	公司回购	8.26~14.60
002772	众兴菌业	员工持股计划	1元/股	公司回购	6.64~7.22
300267	尔康制药	员工持股计划	1元/股	公司回购	3.74~4.45
300393	中来股份	员工持股计划	1元/股	公司回购	11.61~19.5
300469	信息发展	员工持股计划	1元/股	公司回购	14.81~19.99
002517	恺英网络	员工持股计划	1元/股	公司回购	4.05~4.5
300393	中来股份	员工持股计划	1元/股	公司回购	11.61~19.5
300393	中来股份	员工持股计划	1元/股	公司回购	11.61~19.5
603678	火炬电子	员工持股计划	0元/股	公司回购	14.78~18.39
603385	惠达卫浴	员工持股计划	/	二级市场购买	7.8
			0元/股	公司回购	9.27~9.78

我们认为，这种股权激励计划虽然名为"员工持股计划"，但实质上是一种股权奖励计划。

依据【税务总局2015年第80号】规定，仍然需要按照税总所便函〔2016〕149号，以及财税〔2005〕35号文件的规定缴纳个税。

关于股权奖励

股权奖励的计税价格参照获得股权时的公平市场价格确定，具体按以下方法确定：

①上市公司股票的公平市场价格，按照取得股票当日的收盘价确定。取得股票当日为非交易时间的，按照上一个交易日收盘价确定。

②非上市公司股权的公平市场价格，依次按照净资产法、类比法和其他合理方法确定。

计算股权奖励应纳税额时，规定月份数按员工在企业的实际工作月份数确定。员工在企业工作月份数超过12个月的，按12个月计算。

二、股票期权模式

股票期权模式是最普遍、应用最广泛的股权激励模式。股票期权，是指公司给予激励对象在将来某一时期以预先确定的价格购买一定数量股权的权利，激励对象到期可以行使或放弃这个权利，购股价格一般参照股权的当前价格确定，行权前没有分红权，行权后变为实实在在的股票。

采用股票期权模式时，员工在远期支付购买股权的资金，但购买价格参照即期价格确定，同时从即期起就享受股权的增值收益权，实际上相当于员工获得了购股资金的贴息优惠。因此，有时也将这种方式称为"股权认购权"或"期权"模式。

在期权计划中，在股权尚未发生转移时，员工不具有与股权对应的表决权；在股权发生转移之后，如果员工直接持有股票，一般会获得全部的股份权益。

股票期权是股东为达到所持股权价值的最大化，在所有权和经营权分离的现代企业制度下，实行的股权激励。公司董事会在股东大会的授权下，代表股东与以经营者为首的激励对象签订协议，当激励对象完成一定的业绩目标或（和）激励对象达到一定的服务期限之后，公司以一定的优惠价格授予激励对象股票或授予其以提前确定的价格在有效期内购买公司股票的权利，使其获得一定的利益，从而促进激励对象为股东利益的最大化而努力。

2018年《公司法》的修订，以及2016年5月4日中国证券监督管理委员会2016年第6次主席办公会议审议通过了《上市公司股权激励管理办法》，自2016年8月13日起施行。与此同时，为了能以信息披露为中心，落实"宽进严管"的监管转型理念，放松管制、加强监管，逐步形成公司自主决定的、市场约束有效的上市公司股权激励制度，财政部、国家税务总局、国资委等也相继出台一系列进一步完善股权激励的政策法规。至此，中国股权激励的基本法律法规得以规范，并基本与国际接轨。自2016年8月13日起，中国上市公司又迎来了实施股权激励的高峰期！

（一）期权收益模式

期权主要包括三个阶段：授予、行权、出售。在授予时，公司与员工签订"股票期权授予协议"，该协议规定了授予期权的各项细则，以及双方的权利和义务。在行权之前，一般会设置一个行权禁止期，又称之为锁定期或等待期。行权禁止期满后，进入行权期，又称为释放期，一般情况下会设置3年分批释放的规则，比如每年依次释放30%、30%、40%。当激励对象行权时，会形成一个"行权收益"，也就是行权时的市场股价与行权价格之间的差额。按照中国税法规定，此行权收益需要按照工资薪金所得缴纳个人所得税。行权后如果继续持有，假如股价继续上涨，当激励对象出售股票时，就会产生一个股票转让收益。

期权收益模式如图4-7所示。

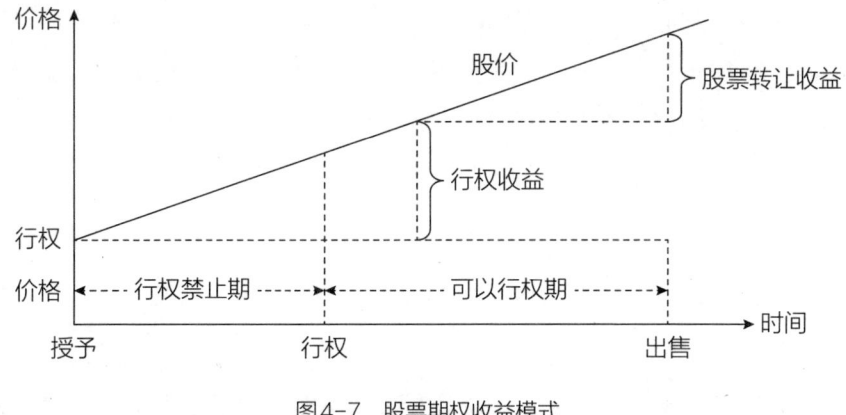

图4-7　股票期权收益模式

案例：现股计划与期权计划混合案例方案摘要

1.股权激励模式

本激励计划包含以下两个并行的子计划：

①股权认购计划（现股计划）。以现金认购增资扩股的股权。

②股权认购权计划（期权计划）。授予激励对象以现金认购股权的权利。

2.激励对象

①经营层，现X人。

②核心骨干，现约Y人。

3.激励数量

对应公司注册资本金1亿元的10%，为便于理解，将10%即对应注册资本金1000万元的激励股权模拟为1000万股。

其中，股权认购计划（现股计划）为500万份，股权认购权计划（期权计划）为500万份。股权认购权计划预留一部分为今后晋升或聘任进入激励对象范围的人员准备。

4.行权价格

①现股认购计划。现金增资认购价格为每股一元。

第四章　动态激励模式

②期权认购权计划。2018年授予的股权认购权的行权价格为1.0元，2019年、2020年、2021年、2022年授予的行权价格分别为1.1元、1.21元、1.331元、1.464元。

5.行权规则

①现股认购计划依"一次性授予、五年锁定、一次性退出"原则实施。现有激励对象于2018年和2019年在24个月内缴纳现金，增资认购，于2021年开始有条件退出。

②期权认购权计划。依"一次性授予、二年锁定、三年内分批或一次性行权"原则实施，即一次性授予激励对象依照本计划确定的全部股权认购权，不同年度授予后的锁定期均为两年，锁定期满后可以在三年内分批（每年最多集中一批）或一次性全部行权。行权没有业绩条件的限制。

6.股权来源

两个激励计划的股权来源均为增资扩股。

7.持有方式

①激励对象不直接持有。

②设立合伙企业并通过合伙企业间接持有信息装备公司的股权。

8.激励股权退出的条件

①业绩条件。2018年至2022年经审计的本公司合并财务会计报告期末扣除非净利润累计总额≥10000万元（包括子公司以及今后收购的影响）。

②股权退出时，激励对象仍然在公司或子公司任职。

触犯《公司股权激励计划及管理办法》（以下简称《管理办法》）规定的"禁止及约束"情形的，按照《管理办法》的相应规定处理。

9.退出方式

①激励对象2023年前离职的退出。激励对象无论什么原因未到约定的退出时点离职的，由合伙企业的其他合伙人按该激励对象原认购股权的出资额购买以实现退出，或公司按该激励对象原认购股权的出资额购买合伙

企业所持的财产份额，再由合伙企业分配给其他激励对象实现退出。

②依股权认购计划获取股权的退出，具体包括以下几种方式：

第一，2023年一次性退出。

第二，如果符合其他退出条件但没有达成上述业绩条件，退出价格为最近一个会计年度经审计的信息装备公司合并财务会计报告期末每股所对应的净资产价值。

如果符合全部退出条件，则退出价格依下列规则确定：

每股回购价格＝退出前2个年度平均每股净利润×倍数

10.禁止及约束

略。

三、限制性股票模式

限制性股票，是指按照预先确定的条件授予激励对象一定数量的本公司股票，激励对象以一定的折扣价，即期投入现金进行购买并锁定，但只有在符合规定条件（工作年限或业绩目标）时，才可逐步释放、出售并从中获益的股票模式。

限制性股票模式一般应用于上市公司、新三板公司。

从实践来看，限制性股票方案的"限制"主要体现在两个方面：一是授权的条件；二是解除限售的条件。授权的条件一般是指激励对象的条件，比如职位层级、工作年限、业绩情况、发展潜力等方面；解除限售的条件一般是指授权后的业绩条件，包括公司业绩目标和个人的业绩结果，并且都是依照各个公司的实际情况来设计的，具有一定的灵活性。

按照《中华人民共和国个人所得税法》及其实施条例等有关规定，原则上应在限制性股票所有权归属于被激励对象时确认其应纳税所得额，即上市公司实施限制性股票计划时，应以被激励对象所有的限制性股票在中国证券登记结算公司（境外为证券登记托管机构）进行股票登记的日期的股票市价（指当日收盘价，下同）和本批次解禁股票当日市价的平均价格乘以本批次解禁股票份数，减去被激励对象本批次解禁股份数所对应的数额为获取限制性股票实际支付的资金数额，其差额为应纳税所得额。

（一）限制性股票收益模式

限制性股票收益模式主要包括三个阶段：授予（授权）、解锁、出售。在授予时，公司会与员工签订"限制性股票授予协议"，该协议规定了授予限制性股票的各项细则，以及双方的权利和义务。在授权时，激励对象需要交纳全部限制性股票的认购资金。在解锁之前，一般会设置一个解锁禁止期，又称之为限售期。解锁禁止期满后，进入可以解锁期，又称为解除限售期，一般情况下会设置3年分批解除限售或释放的规则，比如每年依次释放30%、30%、40%。当激励对象持有的限制性股票解除限售时，会形成"解锁收益"，也就是授权时的股价与解除限售时的股价之间的差额。按照税法规定，激励对象获得的收益需要按照工资、薪金所得缴纳个人所得税。解锁后如果继续持有，假如股价继续上涨，当激励对象出售股票时，就会产生股票转让收益。

限制性股票收益模式如图4-8所示。

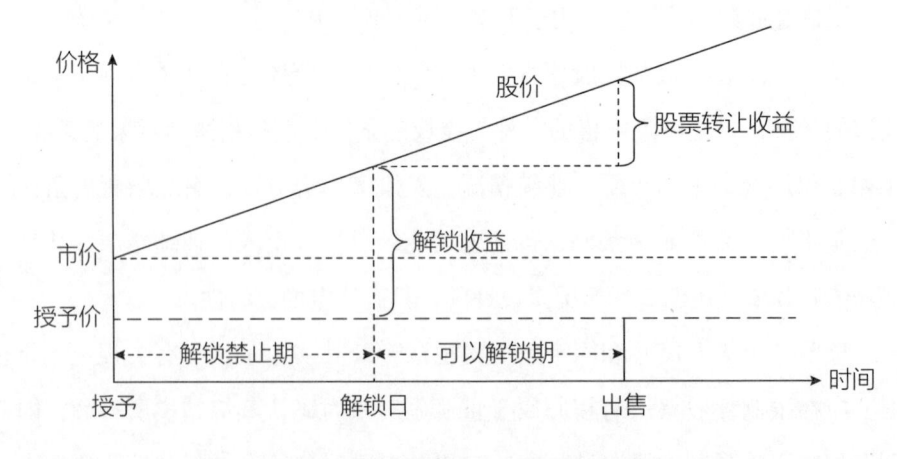

图4-8 限制性股票的收益模式

案例：限制性股票案例方案摘要

××有限公司限制性股票激励计划（草案）摘要

本公司及全体董事、监事保证本激励计划及其摘要不存在虚假记载、误导性陈述或重大遗漏，并对其真实性、准确性、完整性承担个别和连带的法律责任。

一、股权激励的目的

二、股权激励计划拟授予的数量

三、激励对象

（一）激励对象的范围

（二）分配情况

授予的权益在不同激励对象间的具体分配情况见表4-7。

表4-7 权益分配情况

所属层级	获授权益总数/万股	占本次计划授予权益比例	占公司当前股本比例
公司董事、高级管理人员（共7人）	××××	××××	××××
公司除董事、高级管理人员以外的其他管理人员，以及子公司中高级管理人员（共69人）	××××	××××	××××
核心技术（业务）人员（共211人）	××××	××××	××××
预留部分	××××	××××	××××
合计	××××	××××	××××

四、具体方案

（一）激励对象获授权益的条件

（二）股权激励计划的有效期

在本计划中，限制性股票激励计划的有效期为限制性股票授予完成登记之日起至所有限制性股票解除限售或回购注销完毕之日止，不超过48个月。

（三）主要环节

具体包括限制性股票的授予日、限售期、解除限售期、解除限售安排、禁售期等方面。

（1）授予日

授予日在本计划经公司股东大会审议批准后由公司董事会确定。公司应在股东大会审议通过本计划之日起60日内向激励对象授予限制性股票并完成公告、登记，届时由公司召开董事会对激励对象就本激励计划设定的激励对象是否满足获授限制性股票的条件进行审议，公司独立董事及监事会应当发表明确意见；律师事务所应当对激励对象是否满足获授限制性股票的条件出具法律意见。公司未能在60日内完成上述工作的，将终止实施本激励计划。

授予日必须为交易日，且不得为下列期间：

①公司定期报告公告前30内，因特殊原因推迟定期报告公告日期的自原预约公告日前30日起算，至公告前1日。

②公司业绩预告、业绩快报公告前10日内。

③自可能对公司股票及其衍生品种交易价格产生较大影响的重大事件发生之日或者进入决策程序之日，至依法披露后2个交易日内。

④中国证监会及证券交易所规定的其他时间。

（2）限售期

本激励计划授予的限制性股票自完成登记之日起12个月内为限售期。在限售期内限制性股票不得转让、用于担保或偿还债务。

（3）解除限售期及解除限售安排

本次股权激励计划首次授予的限制性股票自完成登记日起满12个月后，若达到规定的解除限售条件，激励对象可在未来36个月内分三期解除限售，如表4-8所示。

表4-8 解除限售安排1

解除限售期	解除限售时间	可解除限售数量占获授限制性股票数量的比例
第一个解除限售期	自首次授予完成登记之日起12个月后的首个交易日起至首次授予完成登记之日起24个月内的最后一个交易日当日止	40%
第二个解除限售期	自首次授予完成登记之日起24个月后的首个交易日起至首次授予完成登记之日起36个月内的最后一个交易日当日止	30%
第三个解除限售期	自首次授予完成登记之日起36个月后的首个交易日起至首次授予完成登记之日起48个月内的最后一个交易日当日止	30%

本计划预留限制性股票，应当自首次授予限制性股票日次日起12个月内授予，自预留限制性股票授予完成登记日起满12个月后，若达到规定的解除限售条件，激励对象可在未来24个月内分两次解除限售，见表4-9。

表4-9 解除限售安排2

解除限售期	解除限售时间	可解除限售数量占获授限制性股票数量的比例
第一个解除限售期	自预留部分授予完成登记之日起12个月后的首个交易日至预留部分授予完成登记之日起24个月内的最后一个交易日当日止	50%
第二个解除限售期	自预留部分授予完成登记之日起24个月后的首个交易日至预留部分授予完成登记之日起36个月内的最后一个交易日当日止	50%

在解除限售期内，公司为满足解除限售条件的激励对象办理解除限售事宜，若出现解除限售条件未成就的，所对应的限制性股票不得解除限售或递延至下期解除限售，由公司统一回购并注销。

（4）禁售期

本次限制性股票激励计划的限售规定按照《公司法》《证券法》等相关

法律、法规、规范性文件和《公司章程》执行，具体规定如下：

①激励对象为公司董事和高级管理人员的，其在任职期间每年转让的股份不得超过其所持有本公司股份总数的25%；在离职后半年内，不得转让其所持有的本公司股份。

②激励对象为公司董事和高级管理人员的，将其持有的本公司股票在买入后6个月内卖出，或者在卖出后6个月内又买入，由此所得收益归本公司所有，本公司董事会将收回其所得收益。

③在本计划有效期内，如果《公司法》《证券法》等相关法律、法规、规范性文件和《公司章程》中对公司董事和高级管理人员持有股份转让的有关规定发生变化，则这部分激励对象转让其所持有的公司股票应当在转让时符合修改后的《公司法》《证券法》等相关法律、法规、规范性文件和《公司章程》的规定。

（四）价格

限制性股票授予价格不低于下列价格较高者。

（1）股权激励计划草案公布前1个交易日公司标的股票交易均价的50%，即15.76元/股。

（2）股权激励计划草案公布前20个交易日公司标的股票交易均价的50%，即15.74元/股。

（3）预留部分的限制性股票的授予价格的确定方法同首次授予价格的确定方法。

（五）限制性股票的授予条件、解除限售条件

1.限制性股票的授予条件

公司和激励对象需同时满足下列条件，公司方可依据本激励计划向激励对象进行限制性股票的授予。

（1）公司未发生以下任一情形

①最近一个会计年度财务会计报告被注册会计师出具否定意见或者无

法表示意见的审计报告。

②最近一个会计年度财务报告内部控制被注册会计师出具否定意见或无法表示意见的审计报告。

③上市后最近36个月内出现过未按法律法规、公司章程、公开承诺进行利润分配的情形。

④法律法规规定不得实行股权激励的情形。

⑤中国证监会认定的其他情形。

（2）激励对象未发生以下任一情形

①最近12个月内被证券交易所认定为不适当人选的。

②最近12个月内被中国证监会及其派出机构认定为不适当人选的。

③最近12个月内因重大违法违规行为被中国证监会及其派出机构行政处罚或者采取市场禁入措施的。

④具有《公司法》规定的不得担任公司董事、高级管理人员情形的。

⑤具有法律法规规定不得参与上市公司股权激励的情形的。

⑥中国证监会认定的其他情形。

2.限制性股票的解除限售条件

在解除限售期内，当同时满足下列条件时，激励对象可对获授的限制性股票申请解除限售。未按期申请解除限售的部分，公司有权不予解除限售并回购注销。

（1）持续满足授予条件

激励对象获授的限制性股票解除限售，需在授予日后至解除限售前持续满足上述"1.限制性股票的授予条件"。

如公司发生不满足授予条件的情形，所有激励对象根据本激励计划已获授但尚未解除限售的限制性股票由公司回购注销；如某一激励对象发生不满足授予条件的情形，则该激励对象根据本激励计划已获授但尚未解除限售的限制性股票由公司回购注销。

（2）公司业绩考核要求和个人绩效考核要求

本计划对所授限制性股票实行分期解除限售，并分年度进行公司业绩考核和激励对象绩效考核，以两个层面的考核作为激励对象限制性股票解除限售的条件。

①公司业绩考核要求。

首次授予限制性股票的各年度业绩考核目标如表4-10所示。

表4-10　首次授予限制性股票的各年度业绩考核目标

解除限售安排	业绩考核目标
第一个解除限售期	以××年营业收入为基数，××年营业收入增长率不低于××
第二个解除限售期	以××年营业收入为基数，××年营业收入增长率不低于××
解除限售安排	业绩考核目标
第三个解除限售期	以××年营业收入为基数，××年营业收入增长率不低于××

预留部分限制性股票的各年度业绩考核目标如表4-11所示。

表4-11　预留部分限制性股票的各年度业绩考核目标

解除限售安排	业绩考核目标
第一个解除限售期	以××年营业收入为基数，××年营业收入增长率不低于××
第二个解除限售期	以××年营业收入为基数，××年营业收入增长率不低于××

如公司未满足上述业绩考核指标，则所有激励对象对应考核年度可解除限售的限制性股票均不得解除限售，由公司回购注销。

②个人绩效考核要求。薪酬与考核委员会将根据"考核管理办法"，对激励对象分年度进行考核打分，激励对象依照个人绩效考核得分确定个人

绩效考核系数，进而确定其实际可解除限售数量，计算公式为：

激励对象当年实际可解除限售数量=当年计划解除限售数量×个人业绩考核系数

个人业绩考核系数与考评得分的关系如表4-12所示。

表4-12 激励对象个人绩效考核评价表

等　级	A	B	C
个人绩效考核系数	1	0.7	0
考核结果	评分≥70	70＞评分≥60	评分<60

激励对象考核得分需达到60分及以上方可解除限售。激励对象考核得分大于70分的，按照当年计划解除限售数量全额解除限售；考核得分大于等于60分小于70分的，可按表4-12所示比例部分解除限售；考核得分小于60分的，不能解除限售。激励对象当年未解除限售部分的限制性股票由公司回购并注销。

五、会计处理

按照《企业会计准则第11号——股份支付》和《企业会计准则第22号——金融工具确认和计量》的规定，公司选取Black-Scholes模型作为定价模型来计算期权的公允价值及限制性股票的摊销费用。

假设限制性股票授予日为2016年11月，则2016—2020年限制性股票的预计成本摊销情况见表4-13。

表4-13 预计成本摊销情况

授予的限制性股票/万股	需摊销的总费用/万元	2016年/万元	2017年/万元	2018年/万元	2019年/万元	2020年/万元

四、限制性股票和股票期权的主要区别

（一）持有的风险不同

股票期权是授予的以约定价格在未来约定时间购买一定数量股票的权利。这种权利既可以行使，也可以放弃。如果股票价格上涨就会倾向行使；如果股票价格下跌甚至跌破行权价格，则可放弃。股票期权的激励对象没有持有的风险。

限制性股票的激励对象则不同，因为在授权时就需要即期投入资金认购，认购后一般面临2年左右的解除限售期。这段时间，如果股票价格上涨，激励对象有收益；如果股票价格下跌，激励对象无权放弃；如果股票价格跌破授权价，则激励对象就会受损。

（二）资金压力不同

股票期权的激励对象只有在行权时才会投入资金进行购买，而一般的股票期权计划会分批设置行权期，即有2～3个行权期，激励对象需要投入的资金就可以分2～3批投入，这样每一次投入的资金相对较少，激励对象的资金压力也相对较小。

限制性股票则不同，激励对象在授权时需要即期投入资金，并且需要投入全部授权股票的认购资金，在解除限售期内须依据业绩条件是否达成而分批解除限售，激励对象只能分批回收资金。当然在第二类限制性股票实施后，这种状态得到了改变。第二类限制性股票于2019年3月首次在科创板推出，2020年12月，深交所对《深圳证券交易所创业板股票上市规则》进行第六次修订时，亦加入了第二类限制性股票的相关制度。第二类限制性股票在授予时无需提前出资，只有在每批次归属条件达成时缴纳该批次

对应的款项。

（三）获授价格不同

《上市公司股权激励管理办法》第二十三条规定：

上市公司在授予激励对象限制性股票时，应当确定授予价格或授予价格的确定方法。授予价格不得低于股票票面金额，且原则上不得低于下列价格较高者：

①股权激励计划草案公布前1个交易日的公司股票交易均价的50%。

②股权激励计划草案公布前20个交易日、60个交易日或者120个交易日的公司股票交易均价之一的50%。

《上市公司股权激励管理办法》第二十九条规定：

上市公司在授予激励对象股票期权时，应当确定行权价格或者行权价格的确定方法。行权价格不得低于股票票面金额，且原则上不得低于下列价格较高者：

①股权激励计划草案公布前1个交易日的公司股票交易均价。

②股权激励计划草案公布前20个交易日、60个交易日或者120个交易日的公司股票交易均价之一。

可以看出，在上市公司内，股票期权和限制性股票获授价格的主要区别在于，限制性股票可以有折扣，并且最高折扣为50%。

（四）纳税规定不同

限制性股票和股票期权的相同点是都要求依据股权激励的收益缴纳"工资、薪金所得税"，不同点主要在于计算应税所得额的方法不同，相关公式为：

限制性股票的应纳税所得额=（股票登记日股票市价+本批次解禁股票

当日市价）÷2×本批次解禁股票份数－被激励对象实际支付的资金总额×（本批次解禁股票份数÷被激励对象获取的限制性股票总份数）

股票期权形式的工资薪金应纳税所得额=（行权时股票的每股市场价－员工取得该股票期权支付的每股施权价）×股票数量

应纳税款=（本纳税年度内取得的股权激励形式工资薪金所得累计应纳税所得额÷规定月份数×适用税率－速算扣除数）×规定月份数－本纳税年度内股票期权形式的工资薪金所得累计已纳税款

股票期权应纳税款中的"规定月份数"，是指员工取得源于中国境内的股票期权形式的工资薪金所得的境内工作期间月份数，长于12个月的，按12个月计算。

限制性股票应纳税款中的"规定月份数"的起始日期应为限制性股票计划经公司股东大会批准的日期，截止日期应为员工对应的限制性股票实际解禁日。考虑到我国目前的《上市公司股票激励管理办法》的规定，限制性股票从授予日到首次解除限售日之间，以及分期解除限售时的每期解除限售时间均不得少于12个月。因此，在计算限制性股票所得时，"规定月份数"一般就是12个月。

除此之外，股票期权和限制性股票在公允价值评估、会计核算、对公司分摊成本的影响等方面也有区别。

当然，两者之间的相同点更多。毕竟，股票期权和限制性股票都是股权激励方式，而且都是上市公司主要采用的股权激励方式。

五、股权激励的虚股转实股模式

虚股转实股是一种不常见的模式，虚股主要涉及分红权、增值权，在现金支付时采用递延支付办法，预留一部分现金用来购买公司股票，或者先采用认购虚拟股票的办法，等条件成熟时，再把认购的虚拟股票转变为实股。

虚股转实股的关键点是"转"这个环节的税收问题。如果先全额兑现分红现金，再增资入股，则面临薪资所得税；如果分红不发了，直接折算为股份，并且由老板直接转让，则税负比较低；也有较少的企业采用信托持股的方式，将部分股份委托信托公司持有，并确定附条件的受益人为拟定的股权激励对象。

案例：大北农虚股转实股彰显老板的胸怀和格局

详见本章第五节

第四节　两步确定激励模式

一、模式对比"7维度"

从对股东现有股权的稀释作用看，股权模式因为是实股，均会稀释现有股东的股权；而现金模式因为是虚股，均不会稀释现有股东的股权。所以，企业股东可以先考虑是否愿意稀释股权，如果不愿意，股权模式就无法实施。

从对公司现金流的影响来看，股权模式对公司现金的影响是正向的，现股认购时会流入现金，限制性股票（本节均指第一类限制性股票）认购时往往会一次性流入全部现金，股票期权行权时会分批流入现金；而现金模式对公司现金的影响则是负向的，分红权在兑付时公司需付出现金，增值权在行权时公司也需付出现金。所以，如果企业的现金流不充沛，显然不适合现金模式；如果企业的现金流充沛，而又不愿意稀释股权，则适合采用现金模式。

从对激励对象造成的资金压力来看，由于激励对象在现股认购和限制性股票认购时往往要一次性付出现金，资金压力大；由于股票期权往往是分批行权，对激励对象的资金压力比现股和限制性股票模式略小些，属于中等压力；而兑付分红权和增值权时，由于激励对象不用支付现金或者仅仅支付少量的现金，一般没有资金压力。

从激励对象持有风险的角度来看，由于现股是现在即期投入现金认购，与原有股东承担同样的风险，收益处于同样的不确定性，经营好了，大家同享收益；经营不好甚至亏损，大家共同分担。由于限制性股票是先投入现金认购，条件成就时解除限售，这时股价也有可能下跌，持有风险属于中等；股票期权则没有风险，因为在行权时如果激励对象认识到有风险即可放弃，没有风险才行权；而对现金模式而言，激励对象最差需面临激励现金额为零的局面，没有收益，但无论如何不会有损失，所以不会有风险。

从激励对象对激励股权相应的增值收益权、分红权和表决权的享受来看，现股认购后可享受增值收益权、分红权；如果直接持有现股，则一般享有股权表决权；如果通过持股平台间接持有现股，一般将股权表决权委托给持股平台的负责人，即有限责任公司的法人代表或者合伙企业的执行事务合伙人。

针对上述区别，企业需要依据自身的不同特点来选择适合的股权激励模式。典型激励模式的比较如表4-14所示。

表4-14 典型激励模式的比较

模式	现股	限制性股票	期权	分红权	增值权
股东—股权稀释	√	√	√	×	×
公司—现金流	认购时流入	认购时一次性流入	行权时分批流入	兑付时流出	行权时流出
激励对象—资金压力	大	大	中	无	无
增值收益权	√	解锁才有	行权才有	×	√
分红权	√	解锁才有	行权才有	√	×
股权表决权	√	解锁后有	行权后有	×	×

续表

模式	现股	限制性股票	期权	分红权	增值权
适合企业特点	1.创业初期合伙人 2.面临重大改革或公司业务将进入衰退期,针对合伙人、核心高管、空降CEO 3.或上市公司员工持股计划	1.主板上市或新三板挂牌公司 2.公司股票价格相对稳定或二级市场变化激烈 3.给予更大激励且激励对象能解决资金问题	1.前途光明、现金流不宽松、利润有限的企业 2.有市场机制退出规划的创业公司或稳健发展的上市公司	现金充沛、利润丰厚稳定,不想或不能稀释股权的企业	1.现金充沛、利润丰厚且稳定的企业 2.或净资产增值快速的企业

二、不同激励模式适合的企业

①现股模式一般适用于以下三种情况：

第一种情况，创业初期合伙人依据不同的角色、不同的出资、不同的重要性，以及投入的不同时间等因素来分配股权。合伙人持有的都是现股，新加入的合伙人也经常认购部分现股。

第二种情况，面临重大改革或公司业务进入衰退期时，针对合伙人或核心高管或空降核心高管如CEO。现股很明显的作用是将大家绑在一条船上共担风险，公司面临风险，则大家都有风险；公司摆脱风险，则大家都有利益。所以，在特定情况下，尤其是当企业面临重大改革或是公司业务即将进入衰退期需要业务转型升级时，往往风险很大，需要合伙人或核心高管"手挽手、肩并肩、齐心协力"渡过难关。

第三种情况，上市公司实施员工持股计划。2014年6月20日，中国证监会制定并发布《关于上市公司实施员工持股计划试点的指导意见》(以下简称《指导意见》)，在上市公司中开展员工持股计划试点。《指导意见》发布之初，各家上市公司争先恐后地实施，后来由于二级市场出现波动，以及证监会对运用资金杠杆的限制，采用这种方式的公司比较少见。

限制性股票主要适用于主板或新三板上市公司且股票价格相对稳定或二级市场变化激烈的情况。

股权激励模式的收益主要是授权价或行权价与公允价格之间的差额，如果股权价格相对稳定，变化很小，则差额就小，这种激励的作用也将受到限制。另外，如果二级市场变化激烈，尤其是面临股灾时，常见的情况是股权激励的收益是负数，将导致一批又一批的股权激励计划面临"失效或取消"。

在上述两种情况下，由于限制性股票的授权价格能够有较大的折扣，可较大程度地抵御股权、稳定差额较小和股价变动很大的风险。

②股票期权是运用最广泛的股权激励模式，在20世纪90年代引入中国后便迅速得到推广。

股票期权的发展与高新技术企业的发展密切相关，因为高新技术企业的风险很大，成功的概率较低，与股票期权没有风险的特性对应；又因为高新技术企业一旦成功，发展很快，一旦IPO（Initial Pubic Offerings，首次公开募捐），则凭借市场杠杆作用股价会迅速提高，能够让激励对象很快获得高额收益。

所以，股票期权模式适用于前途光明、现金流不充沛、利润有限且有市场机制退出规划的创业公司（如IPO或被收购）或稳健发展的上市公司。

③分红权适合现金充沛、利润丰厚稳定、不想或不能稀释股权的企业；增值权模式适合现金充沛、利润丰厚且稳定的企业或净资产增值快速的企业。

三、两步确定激励模式

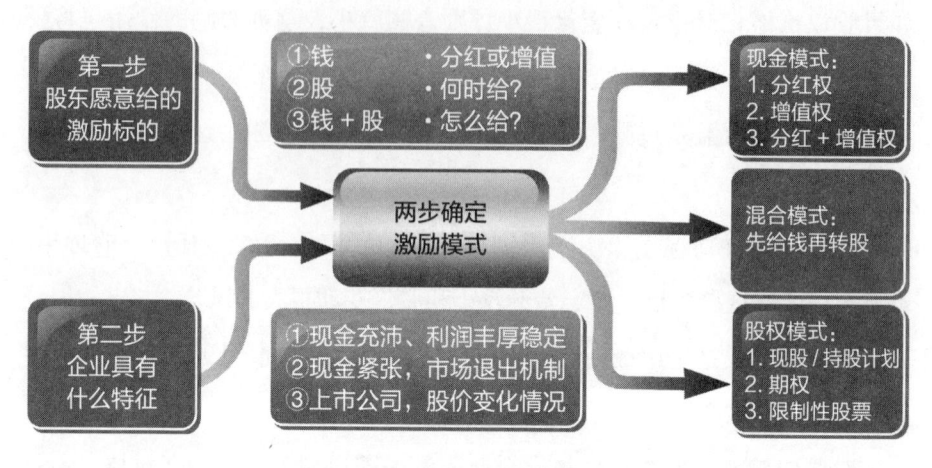

图4-9 两步确定激励模式

第一步，明确股东愿意给的激励标的是什么。如果只给股份，则采用股权模式，再追问是现在就给还是满足一定条件后再给？现在就给即为现股模式；满足一定条件后再给即为限制性股票或股票期权模式。如果只给现金，则采用现金模式。在现金模式下，再问是否只是分红，如果只有分红即为分红权；如果不仅仅是分红，基本上就是增值权或者分红权加增值权。然后，明确是"一年一清"还是"逐年分配"。如果既给股份又给现金，则为组合模式。在组合模式中，如果是将要兑付的现金发放一部分、预留一部分，并将预留部分转为股份，则采用"钱转股模式"；如果在某种条件下给现金，在某种条件下给股份，则采用股权模式加现金模式。再进一步追问，就可以了解具体采用何种股权模式、何种现金模式。

第二步，明确企业自身的特点。依据图4-9并结合第一步基本就可以确定采用何种股权激励模式了。老板想给分红权或增值权，如果企业现金紧张，利润也不丰厚稳定，现金模式就不合适；如果企业现金流不宽松、利润有限甚至亏损，但是前景光明，股权很值钱，就适合股权模式。

不同的企业，其经营模式千差万别。有的企业创始人对上述问题的回答不一定能与股权激励模式的特点和企业特点一一对应，这时需要先抓主要方面，兼顾次要方面或暂时放弃次要方面。

第五节　模式动态三方式

激励模式的动态实施，一般有三种方式，如图4-10所示。

- 基于时间的动态激励模式
- 基于岗位层级的动态激励模式
- 基于同一对象的激励模式转换

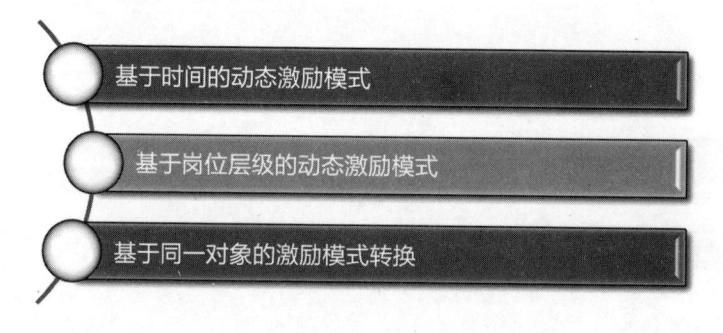

图4-10　模式动态三方式

基于时间的动态激励模式，就是同一家企业在不同时间、不同发展阶段，灵活调整而采取不同的激励模式，杜绝了激励模式的固化。

基于岗位层级的动态激励模式，就是同一家企业在同一时间，针对不同的岗位层级，采用不同的激励模式。

基于同一对象的激励模式转换，就是依据企业发展的需要，对同一激励对象在不同阶段，激励模式由A转向B。典型的就是虚股转实股，或者实股转虚股。

案例：华为基于时间的动态激励模式

基于时间的动态激励模式案例，莫过于华为技术有限公司。下面我们简单地梳理一下华为基于时间的动态激励模式。

1. 第一阶段：实股

① 1990年，华为第一次提出内部融资、员工持股。

② 激励对象：进入公司满一年。

③ 10元/股。

④ 用年度奖金购买，如钱不够，帮助员工获得银行贷款。

⑤ 以税后利润作为股权分红。

⑥ 至1997年注册资本7005万元。

⑦ 1997年由个人直接持股转换为工会代持，并确立任正非单一自然人持股。

表4-15 华为转为工会持股

时间	1997年12月4日		1999年9月30日		2001年9月25日	
股东	出资额	持股比	出资额	持股比	出资额	持股比
华为技术有限公司工会	17079.2	61.8677%	93491.0	88.1491%	316500.00	98.9062%
华为新技术股份有限公司工会	9133.8	33.0862%	12569.0	11.8508		
华为新技术股份有限公司	1393.0	5.046%				
任正非					3500.00	1.0938%
出资额	27606		106060		320000	

出资额：万元

1994年，深圳市政府颁布《深圳市国有企业内部员工持股试点暂行规定》，其中明确提到，可以由公司为非员工股东提供担保向银行或者资产经营公司贷款。

2001年，深圳市颁布新《深圳市公司内部员工持股规定》，适用范围扩大到了民营企业。这为华为员工持股提供了资金来源。

但其中的第二十条规定，以出资购股方式实施内部员工持股，公司必须进行资产评估，员工的购股价格以评估后的净资产值为基础确定。这也直接推动了华为股权激励模式的动态调整。

2. 第二阶段：实股转虚股，出现了虚拟受限股

①动态调整的原因：一是《深圳市公司内部员工持股规定》；二是2001年网络经济泡沫破灭，经济处于下行周期，其外溢效应，对华为的影响很大。这时期，任正非先生写出了那篇著名的文章——《华为的冬天》。

②实行名为"虚拟受限股"的改革：2001年实施《华为技术有限公司虚拟股票期权计划暂行管理办法》，华为员工所持有的原股权被逐步消化吸收转化成虚拟股，员工购买或公司回购均按净资产价值定价，原本实股明确变为虚拟股。

③分红权+增值权，但是没有所有权，没有表决权但可以组成持股员工代表选举公司董事和监事，不能转让和出售，在离开企业时自动失效（回购）。

④老员工股票转为"虚拟受限股"。

⑤用年度奖金购买，如不够，帮助员工获得银行贷款（公司为员工贷款购股于2011年被叫停）。

2003年，两位创业元老刘平、黄灿状告华为事件，让华为管理层意识到如果员工集体退出，犹如银行存款人挤兑，将给公司带来的灾难。于是进行了回购方式的调整：规定授予后三年锁定，每年兑现不超过1/4，核心高管人员每年不超过1/10。

华为的虚拟受限股，让许多任务龄长、职级也不低的员工获得了丰厚的分红收益。随着时间的推移，躺在股权上过好日子的现象，以及员工购股权价格较高，新员工购股资金压力大的现场逐步体现。这直接导致了华

为再次调整股权激励模式。华为购股定价和分红如表4-16所示。

表4-16 华为购股定价和分红

单位：元

年度	2010	2011	2012	2013	2014	2015	2016	2017	2018	2019	2020
定价	5.42	5.42	5.42	5.42	5.66	5.9	6.81	7.85	7.85	7.85	—
分红	2.98	1.46	1.41	1.47	1.9	1.95	1.53	1.02	1.05	2.11	1.86

注：依据公开数据整理，部分数据未公开。

3. 第三阶段：启用TUP模式

Time Unit Plan，直译为"时间单位计划"。

（1）2013年华为以总裁办电子邮件240号发文《正确的价值观和干部队伍引领华为走向长久成功》，阐述了TUP的实施动机

①提高工资、奖金等短期激励手段的市场定位水平，增强对优秀人才获取和保留的竞争力。

②丰富长期激励手段（逐步在全公司范围内实施TUP）。

③消除"一劳永逸、少劳多获"的弊端（TUP分红优先分配，会稀释虚拟股的收益）。

④长期激励覆盖到所有华为员工。

⑤将共同奋斗、共同创造、共同分享的文化落到实处。

⑥虚拟股数量庞大，会产生巨大的后期支付风险。

（2）TUP的出现，还有一些背景，所谓不得已而为之

①公司净资产逐渐提高，新配虚拟股获取成本提高，激励作用降低。

②内部退休人员逐渐增多，每年拿着大额分红，影响现有员工的积极性。

③目标：劳动性报酬和资本性回报的比例，要从2:1逐渐过渡到3:1甚至是4:1（注：TUP不需要出资，属于劳动性报酬）。

（3）TUP的实施办法

①根据部门绩效、个人绩效及配股饱和度每年分配。

②TUP占饱和配股的额度，与虚拟受限股享有同等的分红权和增值权。

③第五年分红并结算增值收益，本期TUP失效。

④"递延+递增"的分配方案。

第一年没有分红权；第二年1/3分红权；第三年2/3分红权；第四年全额分红权；第五年全额分红权+增值权，同时本期TUP清零。

华为的股权激励可以说很有特色，并且紧扣企业的发展状况，取得巨大效用。很多企业想学习华为的股权激励，但难以模仿。主要的原因是华为持股人数和比例之大，以及盈利规模和分红额度之高，很少有企业能够做到。

案例：USE基于岗位层级的动态激励模式

USE成立于2003年，是一家比较知名的软件系统的规划与开发服务供应商。自2003年起，为了吸引和保留核心技术人才和核心业务人才，实施了股权认购计划（现股）和股权认购权（期权）。

USE公司在2003年实施股权激励，当时还是比较前卫的。投资方（母公司）是一家上市公司，这也是这家上市公司及其所投资公司的第一次。

USE公司注册资本金为5000万元，全部为实缴，母公司实缴4687.5万元，USE的CEO实缴312.5万元。

USE公司设立时，投资协议中已经确定后期的股权激励主要内容：

（1）USE实施的是基于岗位层级的动态激励模式

①CEO与大股东共同设立公司，并持有6.25%的股权。

②CEO获得直接认购股权的权利（现股模式），现股认购6.25%股权，认购每个注册资本金价格为1元。下面我们虚拟为1股。

③USE高管总共获得现股认购6.25%，每股价格为1元。

④为其他USE雇员（含高管，不含CEO）设置期权6.25%，每股价格为1元。

（2）股权来源全部由投资方（母公司）转让

从风险角度讲，现股风险最大，期权最低。USE基于不同岗位层级的动态激励模式中，层级越高，获得股权越早，拥有的持股风险越大。如图4-11至图4-13所示。

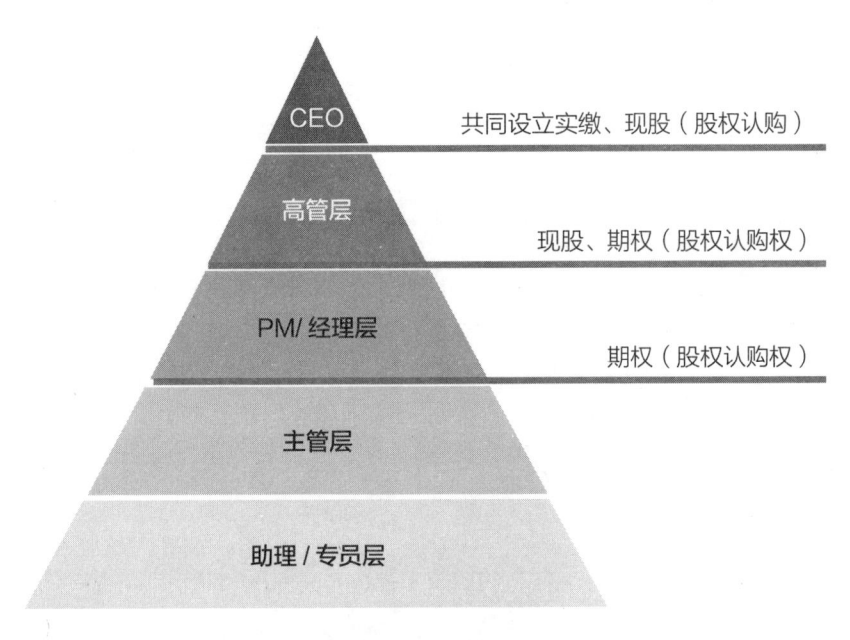

图4-11　USE基于岗位层级的动态激励模式

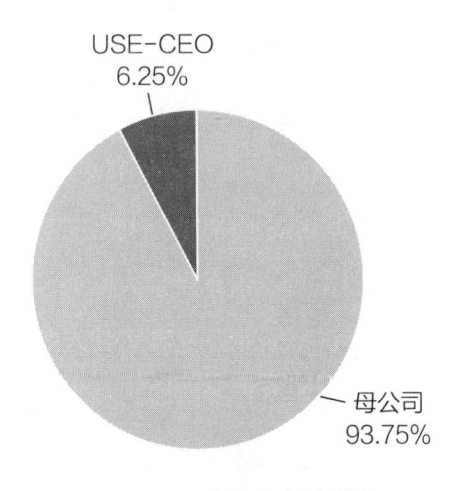

图4-12　公司设立时股权结构

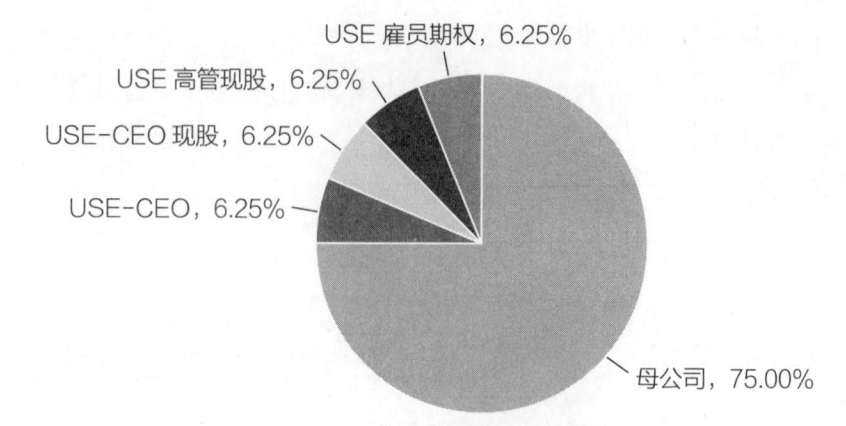

图4-13 公司股权激励后股权结构

（饼图数据：母公司，75.00%；USE-CEO，6.25%；USE-CEO 现股，6.25%；USE 高管现股，6.25%；USE 雇员期权，6.25%）

2006年USE公司筹划单独上市，投资方（母公司）通过向USE的CEO转让而大幅度减持。如图4-14、图4-15所示。

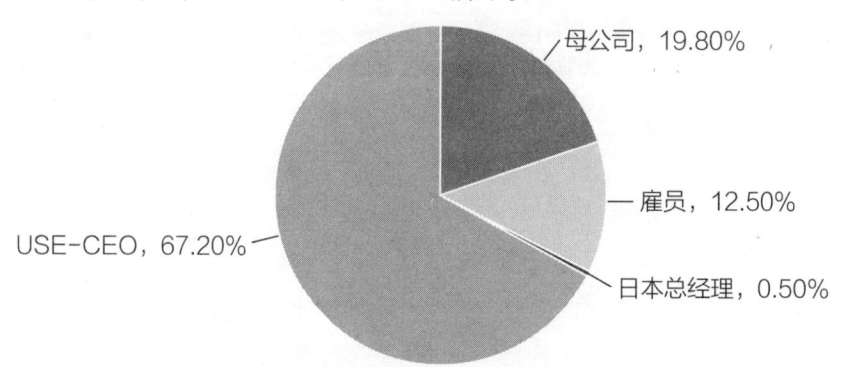

图4-14 为筹划上市，股权结构调整

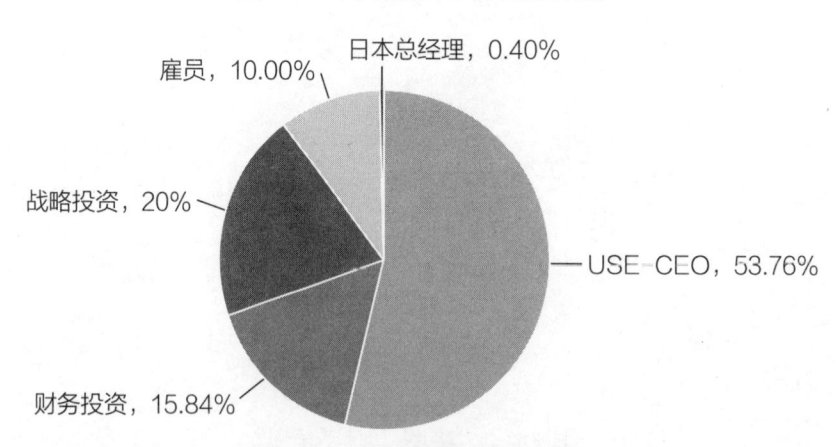

（饼图数据：USE-CEO，67.20%；母公司，19.80%；雇员，12.50%；日本总经理，0.50%）

图4-15 引进投资后的股权结构

（饼图数据：USE-CEO，53.76%；战略投资，20%；财务投资，15.84%；雇员，10.00%；日本总经理，0.40%）

这个案例，既有激励模式的动态调整，也有股权布局的动态调整。所以，动态股权3轮驱动不是割裂的，而是相互影响的；不是每家企业只能设置某一环节的动态，而是可以依据公司经营发展，以及内外环境的需要同时设置多环节的股权动态。

案例：大北农基于同一对象的激励模式转换

在国内沪深两市上市采用虚股转实股模式的公司中，具有典型意义的是大北农（002385）。下面，我们将大北农公司的股权激励历程做一个简单的梳理，让读者了解一下虚股转实股的脉络。

大北农是以邵根伙博士为代表的青年农学知识分子创立的农业高科技企业。自1993年创建以来，大北农集团始终秉承"报国兴农、争创第一、共同发展"的企业理念，致力于以科技创新推动我国现代农业发展。

大北农集团产业涵盖畜牧科技与服务、种植科技与服务、农业互联网三大领域，拥有22000余名员工、1500多人组成的核心研发团队、140多家生产基地和240多家分子公司，在全国建有10000多个基层科技推广服务网点。2010年，大北农集团在深圳证券交易所挂牌上市，成为中国农牧行业上市公司中市值最高的农业高科技企业之一。

邵根伙博士在创建企业之初，就有强烈的与核心骨干员工共同发展，让核心骨干员工成为企业一分子的想法。

1.大北农公司创建之初的股权激励做法

①模式：员工模拟持股。模拟持股分为以下两种：

A股：员工自己出资购买的，离职时可以退还。

B股：老板送的，员工离职时不退还。

②A/B两种持股方式的股权。

③截至2006年9月20日，持有模拟股份的员工共计923名，结存出资

金额合计3410.58万元,由创始人邵根伙代持。股份制改造时,分类别进行处置。如表4-16所示。

表4-16 大北农股份制改造时对虚股的处置

员工类别	人数	模拟持股/出资额	处理办法(1)
高级管理人员	33	549.42万元	实名化并作为股份公司发起人出资有限公司的股东49人
中层管理人员	149	1173.08万元 对价:1.1837亿元	每股净资产价值1.2倍的价格收购约300元/出资额
关键岗位员工	725		每股净资产价值1.45倍的价格收购约360元/出资额

2.股份制改造,通过增资纳入中层管理人员

大北农于2007年6月进行股份制改造完成,同时增资,将149名中层管理人员增资后成为股份公司注册股东。如表4-17所示。

表4-17 大北农上市前夕,自然人股东198名

员工类别	人数	股份制改制前,处理办法(1)	改制后处理办法(2)
高级管理人员	33	实名化为实股。有限公司的股东49人	作为股份公司发起人
中层管理人员	149	每股净资产价值1.2倍的价格收购,约300元/出资额	增资,将149名中层纳入股东名册。此事股东198人
关键岗位员工	725	每股净资产价值1.45倍的价格收购,约360元/出资额	拿到丰厚现金

(1)这时有高级管理人员(33人)

33位高级管理人员作为股份公司的发起人股东。

邵根伙实施股权转让,按各自的实际出资比例将股权转至33人名下。

(2)这时有中层管理人员(149人)

他们原持有的A/B股由邵根伙按1.2倍净资产回购(约300元/股)。

他们用转让虚拟股份所获取的资金向公司增资,从而成为股份公司股东。

(3)其他持有A/B股的人员(725人)

邵根伙按每股净资产价值1.45倍的价格收购。

由于《公司法》对股份公司股东人数的限制,他们不再在股份公司持股。

改制后,股份公司股东共计198人,逼近200人的上限。这也是中国沪深两市上市公司中发起人股东最多的企业。

3.大北农于2010年3月在深圳中小板上市后大幅度推行股权激励

(1) 2011年11月推出股票期权计划

模式:股票期权。

股票来源:定向增发2380万股股票,占现有股本总额的5.94%。

行权价格:36.71元/股。

激励对象:覆盖面扩大至中层管理和技术人员,原有的持有A/B股而没有成为发起人股东的725人全部涵盖在内。

(2) 2014年8月推出员工持股计划

模式:员工持股计划。

股票来源:大股东邵根伙免费赠送9848万股,占总股本的6%,市值13亿元人民币。

出资:员工交20%,因税收政策不明,算税收押金。

激励对象:任职超过两年,业绩突出者,约3000人。

4.大北农股权激励计划评价

大北农的股权激励计划,在中国上市公司中创造了多个第一。

①上市时股东最多。上市时,股份公司股东共计198人,逼近200人的上限。

②公司股份制改造前,对员工虚拟股份的回购价格最高。对中层管理人员所持A/B股按1.2倍净资产回购(约300元/股);对其他不能进入股份公司股东的人员,按每股净资产价值1.45倍的价格收购。

③上市公司实际控制人向员工赠送股份最多、市值最高。在2014年8月推出的员工持股计划中,由大股东邵根伙免费赠送9848万股,占总股本的6%,市值13亿元人民币。

第五章

动态激励对象

能用众力，则无敌于天下矣；能用众智，则无畏于圣人矣。

——三国·孙权

第一节　定人四原则

公司在推行股权激励计划中，应遵循图5-1的四项原则来确定激励对象。

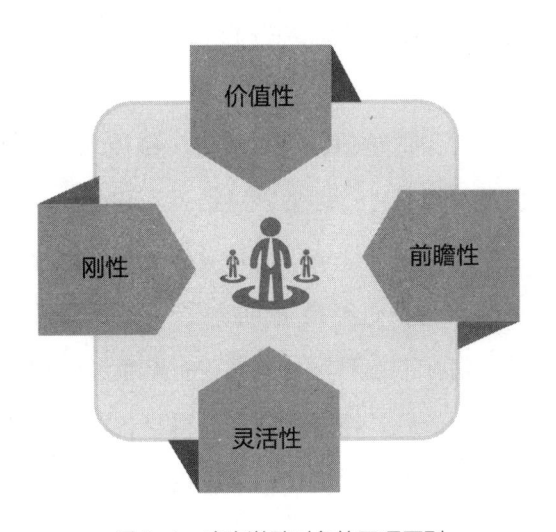

图5-1　确定激励对象的四项原则

(一) 价值性原则

这里的"价值"是指激励对象对公司的价值，既包括过去的价值，也包括未来的价值，并且后者所占权重更大一些。基于价值原则是由股权激励目的决定的。以下是某企业确定的股权激励目的：

①进一步完善公司治理结构，建立、健全公司的长效激励机制。

②吸引和留住优秀人才，建立和完善股东与核心骨干员工之间的利益共享机制。

③为有潜力、有志向的年轻员工提供更好的发展机会和更大的发展空间，逐步实现奋发向上、人才辈出的景象。

④有效地将股东利益、公司利益和经营者个人利益结合在一起，激励与约束并重，提升企业"软实力"，促进愿景目标的实现，并给公司、股东、核心骨干员工带来更高效、更持久的回报。

可以看出，企业推进股权激励的目的，不仅仅是授予激励对象更高的回报，而是为了进一步调动他们的积极性，激发他们的潜能，从而创造更好的业绩，给公司、股东带来更高、更持久的价值，实现激励对象、企业、股东三方的价值共赢。

要真正评估激励对象的价值，可以从三个角度入手（如图5-2所示）：一是业绩考评，这是对结果进行评估，以结果为导向，这是一种很有说服力的价值评估办法。二是岗位评估，这是对岗位价值的评估。岗位评估是对企业各个岗位的相对价值进行衡量的过程。在岗位评估过程中，首先，应根据预先确定的评估标准，对评估要素进行赋值；其次，以评估要素对岗位进行评定、估值；最后，经过微调之后得出各岗位价值。三是个人价值，即在不考虑岗位价值前提下，评估个人的资质、经验、可替代性、发展潜力等因素。

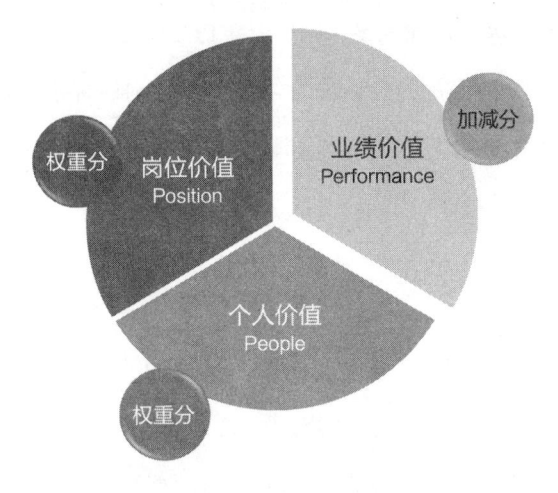

图5-2 员工价值分解

（二）划分标准的刚性原则

鉴于价值评估难以做到精确，在实际操作过程中，实施股权激励的企业往往需要确定多个刚性标准来对人员进行划分。那么，这个标准怎么来定就涉及大家的切身利益问题，我们认为较常出现的问题是标准有二义性，不够明确，从不同的角度有不同的理解。比如"认同公司价值观"就是一个必要的但不刚性的标准，我们难以获得全面的例证来说明激励对象都认同公司价值观，更难获得例证来证明其他人不认同公司价值观，并且不认同公司价值观几乎是一个很严重的问题。再如，"担任团队负责人"也是一个带有二义性的标准，总经理是团队负责人，部门经理也是，项目经理在项目存续期间也是。那么极端的情况是，项目经理A由于项目刚结项不符合这个标准，而项目经理B由于项目还在存续期间就符合这个标准。如果项目经理A在能力、贡献方面都超过项目经理B，则会导致项目经理A不服气，甚至受到伤害，认为公司制定的规则不公平。

在实践中，有一些标准是刚性的，只要标准确定下来，可否划入激励对象范围便一目了然。比如司龄3年（含）以上，离退休返聘人员不是激励对象，公司现有股东不是激励对象等。这些都是刚性标准，不会有二义性。如果公司能够建立明确的职位体系和任职资格体系，也可将标准确定为职级多少级及以上人员。

（三）前瞻性原则

公司推行的股权激励计划往往不是一次性的，不是说赶上了就有、没赶上就没有。一般来说，股东应同时考虑当下和未来3~5年的激励计划。在确立激励对象时，也要有前瞻性，应依据公司经营发展规划，明确未来3~5年的人员规划，并为未来人员规划中可能新进的激励对象预留激励股份。假如未来3~5年公司营业收入翻一番，人员增长500人，将新设"战略发展中心"和"投融资中心"，预计新增符合现有激励对象标准的人员将有20人。那么现在就应做好这20人进入激励对象范围的准备，并为这20人预留必要的激励股份。

上市公司中也有类似的规定，比如"上市公司在推出股权激励计划时，可以设置预留权益，预留比例不得超过本次股权激励计划拟授予权益数量的20%"。不过由于上市公司的特殊性，要求"上市公司应当在股权激励计划经股东大会审议通过后12个月内明确预留权益的授予对象；超过12个月未明确激励对象的，预留权益失效"。而非上市公司在这方面的规定就非常灵活，在推进股权激励计划时，就可以考虑更长期的人员需求，也能更方便地追加激励对象和激励股份，再一次实施股权激励计划。

（四）灵活性原则

我们在强调刚性原则的同时，也需要考虑到灵活性原则，目的是解决对公司业务和经营有重要影响但不具备刚性原则条件人员的股权激励问题。设置灵活性原则，一般是将这项权利授予董事会来行使。

第二节　岗位价值评估

一、岗位评估排序法

岗位评估排序法是最简单的一种方法，它是根据工作的复杂程度、对组织的贡献大小等标准对各个岗位的相对价值进行整体比较，进而按照整体相对价值的高低排列次序的岗位评价方法。

排序法是一种较为简单的岗位价值评估方法，它根据总体上界定的岗位相对价值或者岗位对于组织成功所做出的贡献来对岗位进行从高到低或从低到高的排序。排序法可以分为三种：直接排序法、交替排序法和配对比较排序法。

（一）岗位评估排序法的操作方法

公司组建岗位评估小组，一般由公司的主管领导、人力资源主管部门的负责人、相关部门的领导、岗位直接上级等人员组成。

评估小组阅读岗位职责和工作说明书等资料，了解岗位的职责、任职条件等信息。

由评估小组商定针对所有岗位的评价因素，比如重要性、复杂性等。

由评估小组成员独自依据上述因素从整体上（注：无须依据各个评价因素独自评分）对岗位价值自高到低或自低到高进行排序。比如一共有15

个岗位，可把价值最高的岗位标定为15，将价值最低的岗位标定为1，然后先找出15号岗位和1号岗位，再找出14号岗位和2号岗位，依次排列，直至标定7号岗位和8号岗位。

汇总各位评估小组成员的排序结果。把标定为15的序号"15"当作该岗位的等分，计算出共计15个岗位的总分，再除以评估人数，得出每一个岗位的平均得分。

依据各个岗位等分的高低，得出岗位相对价值的排序。

表5-1就是四位评委对A～K共10个岗位的评价结果，最终的岗位相对价值自高到低的排序是"A、C、J、K、B、G、D、E、F、H"。

表5-1 排序法对岗位价值的评估案例

岗 位	A	B	C	D	E	F	G	H	J	K
张三	10	6	8	3	5	2	4	1	7	9
李四	9	4	10	5	2	3	7	1	8	6
王五	10	6	9	4	3	1	5	2	8	7
赵六	9	6	7	4	3	2	5	1	10	8
总分	38	22	34	16	13	8	21	5	33	30
平均分	9.5	5.5	8.5	4	3.25	2	5.25	1.25	8.25	7.5
排序	1	5	2	7	8	9	6	10	3	4

（二）岗位评估排序法的优缺点

（1）岗位评估排序法的优点

岗位评估排序法是通过感知、印象来判定价值的办法，其优点是简单、容易操作、省时省力，适用于较小规模、岗位数量较少的企业。岗位排序法根本不需要有很专业的人士指导，大家均凭借评估小组成员对岗位的认识进行排序，很容易操作，耗费时间短，评估小组成员各自的感觉就是这样，大家相互容易理解，也不容易产生分歧。

（2）岗位评估排序法的缺点

这种方法依赖主观评价，带有明显的主观性，评价者多依据对岗位的主观感觉进行排序，评估是否符合客观事实完全在于评价者对岗位的熟悉程度以及评价者的主观意识。此外，评价结果往往受评价者与该岗位工作的密切程度，以及与任职人员的关系影响。如果评价人员既了解岗位工作，又与任职岗位人员有较好的关系，很容易给出较高的排序。

对岗位进行排序无法准确得知岗位之间的相对价值关系。排序时，即使不同序列之间的位次差距一样，但不同层级之间的岗位价值相差也会很大。如果被评价岗位排序依次为总经理、副总经理、部门经理、高级工程师和工程师各1名，那么总经理与副总经理之间的位次相差为1，高级工程师与工程师的位次相差为1，那么这两对岗位之间的位次差距"1"所代表的真正价值差距是不一样的。这时，难以区分总经理与副总经理，以及高级工程师和工程师之间的激励股份相差多少合适。

主观评价在客观上也受评价者判断、认知能力的影响，并且这种能力与职位等级没有绝对的关系，也有可能CTO（首席技术官）在这方面的能力不如HRM（人力资源经理），但可能的情况是CTO进入评价小组，而HRM由于职务等级不够而没有进入评价小组。

二、岗位评估因素评分法

岗位评估排序法无法判定相邻岗位之间的价值差距，为了较准确地评估岗位之间的价值差距，需要运用岗位评估因素评分法。岗位评估因素评分法运用的是明确定义的因素，如责任因素、知识技能因素、能力因素、工作环境因素等，每一个因素被分成几个等级层次，并赋予一定的分数值，把各个因素的分数进行加总即可得到一个工作岗位的总分数值。

岗位评估因素评分法的实施步骤如下所述：

（一）清晰定义职能，明确划分岗位

在对岗位进行因素评分之前，需要对公司所有的岗位进行梳理，清晰定义每一个岗位的职能。职能是岗位价值的基础，如果职能不清，岗位价值评估的基础则不牢。首先清晰组织机构的职能，然后依据组织机构职能的分类进行岗位职能的划分。对于组织机构职能，不能仅仅将其描述为负责哪些事情，而是要从不同角度、不同层级进行职能的梳理和阐述。

案例：某公司人力资源部门的职能梳理结果

表5-2 某公司人力资源部门职能梳理

一级职能	二级职能	三级职能		
^	^	制定计划与制度（P、A）	负责执行工作（D）	指导、监控工作（C）
人力资源部是公司负责人力资源开发与管理的部门	1. 人力资源战略	制定与完善公司的人力资源战略		
^	2. 人力资源规划	制定与完善公司人力资源规划方案与制度		监督、指导各事业部制定与完善人力资源规划方案
^	3. 组织架构	制定与完善集团组织结构方案和部门职责		监督、指导各部门制定与完善公司组织结构方案和部门职责
^	4. 岗位管理	制定与完善集团岗位管理体系与岗位管理制度	制定与完善公司领导的岗位说明书	监督、指导各部门制定与完善岗位说明书
^	^		组织岗位优化分析，提出建议	根据公司岗位设置控制人员编制
^	^		提出岗位调配建议	

续表

一级职能	二级职能	三级职能		
		制定计划与制度（P、A）	负责执行工作（D）	指导、监控工作（C）
人力资源部是公司负责人力资源开发与管理的部门	5.招聘	制定与完善公司招聘制度	负责公司的统一招聘工作	指导各部门普通员工的招聘工作
		编制公司年度招聘计划	招聘渠道的拓展与维护	
			招聘需求统计分析	
			招聘组织实施	
			人员的甄选、录用	
			人员测评工具设计与完善	
	6.培训	制定与完善公司培训制度	建立与维护公司培训体系	监督、指导各部门的培训工作
		编制公司年度、季度培训计划	组织公司统一培训	
			培训需求调查分析	
			组织内部讲师选拔与评定，设立公司内训课程	
			组织培训效果评估与统计分析	
			拓展外部培训渠道	
			外派培训组织管理	
	7.薪酬福利管理	制定与完善公司薪酬福利方案与制度，并报公司领导审批	依考核、考勤和行政奖惩记录编制员工薪资、津贴表	监督、指导各事业部的奖金计算
		编制公司年度薪资总额计划，并报有关领导审批	计算与发放员工的薪酬福利	根据薪资计划控制各部门人员编制和薪资总额
			对新进员工、人事异动后的员工进行薪资调整	

续表

一级职能	二级职能	三级职能		
^	^	制定计划与制度（P、A）	负责执行工作（D）	指导、监控工作（C）
人力资源部是公司负责人力资源开发与管理的部门			办理员工五险一金、医疗保险报销	
^			开展体检、慰问等日常福利活动	
^			调查外部市场薪资	
^	8. 绩效管理	制定与完善公司绩效管理方案与制度	负责公司员工的绩效管理工作	监督、指导各部门员工的绩效管理工作
^	^		组织各部门的绩效考核	组织员工考核申诉核查及处理
^	^		组织部门领导以上员工的绩效考核	
^	^		考核统计分析及考核资料管理	
^	9. 员工关系管理	制定与完善公司合同管理、奖惩、争议处理等员工关系方面的方案与制度	办理员工合同签订、续签，入职、转正、离职、调动、升降等人事异动手续	监督、指导各部门处理员工关系
^	^	制定与完善公司员工手册	处理员工投诉、申诉等问题	
^	^		依据标准提出员工奖惩建议并实施	
^	^		办理劳动关系报表与统计分析	
^	^		代表公司处理劳动争议	
^	^		处理员工考勤、休假统计分析	
^	^		组织年度内部满意度调查与统计分析	

续表

一级职能	二级职能	三级职能		
		制定计划与制度（P、A）	负责执行工作（D）	指导、监控工作（C）
人力资源部是公司负责人力资源开发与管理的部门	10. 企业文化	制定与完善集团的企业文化方案与制度	组织公司文体活动	监督、指导、评估各部门开展活动
				依据年度经费标准控制活动报销
	11. 人事信息管理	制定与完善公司人事信息管理制度	管理公司全体员工的人事信息	
			更新与维护员工信息	
			统计与分析人事信息	
			维护人力资源信息化系统	
	12. 党群工会管理	制定与完善公司组织、工会工作计划	协助组织党员、工会活动	
			办理党组织关系	
			办理与员工劳动关系相关的工会事宜	
	13. 图书管理	制定公司管理制度与借阅管理办法	办理图书订购审核	
			办理图书借阅	
	14. 质量管理体系	制定质量目标	定期统计质量目标完成情况	
		分析内审、外审中提出的不符合项和管理评审提出的待改进项的原因及整改措施	贯彻相关的质量管理体系文件	
			配合质量办公室做好质量管理体系内审、外审和管理评审工作	

部门职能梳理清晰后,再梳理岗位职能就相对容易了。岗位职能梳理完成后,可通过岗位说明书进行固化。

案例:某公司招聘薪酬主管的岗位说明书

表5-3 某公司招聘薪酬主管的岗位说明书

记录代号:AAAA/QPR04-08　　　　　　　　　　记录编号:

岗位基本情况:			
岗位名称	招聘薪酬主管	岗位编号	
所属部门	人力资源部	岗位人数	1
直接上级	人力资源部经理	人数	1
直接下级		人数	
岗位总体描述			
负责公司薪酬管理、人员招聘、人力资源信息化及人事月度报表的汇总统计,为公司的人力资源工作提供保障			
主要职责及工作任务			权重
(1)拟定薪酬体系制度并负责具体实施,制订薪资核算和发放计划,依据考勤汇总表准确、及时地进行薪资核算,制订薪资发放计划。 ①承担薪酬制度的实施并进行检查和监督。 ②参与制定和修改公司薪资结构、等级调整规划和方案。 ③参与制定和修改奖金激励制度。 ④薪资文件和资料的管理。 ⑤承担薪资有关问题的咨询及回复工作。 ⑥参与薪资及福利成本核算、控制和分析。 ⑦参与薪酬调查			25%
(2)参与实施公司岗位管理工作,保证公司岗位合理配置 ①参与公司岗位管理体系建设工作。 ②策划、拟定与完善岗位管理制度并组织落实。 ③参与公司岗位优化分析,提出优化建议。 ④协助人力资源部经理制定与完善公司领导的岗位说明书。			

续表

⑤指导各部门制定基层人员岗位说明书，根据具体的岗位调整情况完善岗位说明书，保证此项工作的及时性和完整性。 ⑥汇总各部门岗位说明书，整理存档。 ⑦根据公司岗位设置，组织各部门制订合理的人员编制计划。 ⑧提出岗位调配建议，推动岗位调配工作的开展	15%
（3）承担经费管理工作，保证相关工作的顺利进行 ①编制部门年度预算。 ②调整半年度预算，分解季度预算。 ③分析预算执行情况，提出预算修改意见。 ④编制年度企业文化活动经费的预算。 ⑤对各部门的企业文化费用进行统计、对比、分析。 ⑥根据本年度企业文化活动的实施情况对下一年度经费进行调整	10%
（4）汇总、编制人工成本预算，统计各种工时，负责个人所得税申报、高级人才奖励等具体工作，保证相关工作的顺利开展。 ①人工成本预算的编制及汇总。 ②月度人工工时的统计及计算，工程项目预算工时的统计及计算。 ③申报个人所得税明细，办理员工完税证明。 ④承担高级人才奖励的具体工作。 ⑤开具员工各项收入证明。 ⑥提交公司各项薪酬数据	10%
（5）实施公司管理人员招聘工作，满足公司的人力需求。 ①维护与完善公司的招聘体系。 ②制订招聘计划并定期调整、修订。 ③进行招聘效果分析、评估。 ④组织各部门招聘工作，为各部门甄选适合的人才提出建议、指导。 ⑤建立公司人才库，扩充人员储备。 ⑥招聘渠道的维护、拓展	20%
（6）推进部门质量管理工作，使各项工作符合质量管理要求。 ①遵循公司的质量管理体系要求，完成部门质量管理工作。 ②遵照持续改进的原则，拟定部门质量目标。 ③定期统计、上报部门质量目标的完成情况。 ④部门质量管理流程资料的整理、建档。 ⑤定期接受公司组织的内审和外审检查	10%
（7）完成领导交办的其他工作	10%
内外协调关系	

续表

内部协调关系	与各部门沟通工时的统计情况
	与财务部沟通编制预算过程中的相关问题
	与财务部沟通员工的手机费报销标准等，做好工作的衔接
	与各部门配合组织实施招聘工作
外部协调关系	与地税局就员工开具完税证明等进行沟通
任职资格	
教育背景：人力资源管理等相关专业本科以上学历	
工作经验：5年以上薪酬福利、招聘高级管理人员相关工作经验	
知识技能：熟悉国家人事政策、法律和法规；熟悉与薪酬相关的法律、法规；熟悉薪酬福利管理流程；人力资源管理理论基础扎实；熟练使用相关办公软件	
个性特征：诚实敬业、严谨细心、责任心强、思维敏锐、善于沟通	
岗位任职者签字		日期	
直接上级签字		日期	

（二）选择和定义因素

清晰定义职能、明确划分岗位是基础工作，目的是为因素评估做好准备。

选择和定义能够概括被评估岗位特征、说明被评估岗位价值的因素是关键的、实质性的第一步。比如学历水平、知识技能、工作经验、下属人数、督导责任、内部沟通、外部沟通、工作独立性、工作复杂性、工作创新性、工作条件、业绩影响等都可以作为评价因素。世界知名的咨询公司往往有自己独特的评估因素，比如合益（HAY）将评估因素抽象为3个普遍适用的因素，即知识与技能、解决问题的能力和承担的责任。合益认为，一个岗位之所以存在，是因为它要承担相应的责任，而要有效地承担责任，就必须具有一定的知识与技能，并能够解决问题。美世咨询公司提出4个因素，即影响、沟通、创新和知识。翰威特的评估体系则包括6个因素，分别是知识与技能、影响与责任、解决问题与制定决策、行动自由、沟通技能、工作环境。可以看出，各家公司提出的评估因素虽然不完全相同，但具有共性的因素也不少，基于不同的角度而已。

（三）因素分级与赋值

评价因素确定后，为了评价的准确性，提高价值的区分度，还应将各个因素按照程度的不同分为不同的级别，并为每一个级别赋值。通常情况下，将每一个因素分为5个级别。

案例：某公司的知识分级标准

表5-4 岗位价值评估中对知识的分级

级别	知识水平	概括描述	具体描述
一级（1）	了解	学习阶段：了解基本的专业知识	1.具备该领域最基本的、有限的知识 2.在充分的帮助下可以开展该知识领域的相关事项 3.能够描述该知识领域相关的基本概念
二级（2）	熟悉	应用阶段：掌握与业务相关的专业知识	1.能够独立运用该领域知识，完成一般复杂度的事项 2.能够解决该知识领域的常见问题 3.能够在做决定时参考应用自己在该领域的经验
三级（3）	掌握	拓展阶段：熟悉与业务相关的专业知识	1.能够熟练使用该领域的知识、流程或工具 2.能够认知在应用该领域知识时可能遇见的潜在风险和机会 3.能够指导小规模的团队展现该方面的知识
四级（4）	精通	指导阶段：精通某一领域的专业知识	1.能够被征询意见，解决与该知识相关的复杂问题 2.了解该项专业知识的细节 3.能够对公司在该知识领域的发展提出建议
五级（5）	权威	领导创新阶段：精通相关领域的专业知识，并能有所创新，是该领域的权威	1.能对事物的发展趋势及隐含的问题有预见性和洞察力 2.能够对该方面的知识、流程或工具提出有建设性的建议或作出调整 3.能够指出公司在该项知识领域的未来发展方向

有了上述标准，我们能轻易地将某一个岗位所应该具备的知识进行分级并赋值，从而得出每一个岗位在"知识"这个因素上的得分。

那么，如何对技能进行分级呢？技能分级显然比知识分级要复杂得多。

案例：通用技能的分级案例

表5-5　通用能力分级标准

沟通能力	
级别	分级定义
一级	有沟通的愿望，能够回应他人发出的沟通信号，能基本表达意图；能够参照商务写作的固定格式，并在领导的指导下，几经修改完成工作。
二级	能够耐心倾听他人的观点，基本把握他人谈话的主旨；能比较完整地表达自己的意见和想法，使对方理解；能正确使用商务公文写作的格式、语法、词汇和标点符号，经领导修改较少，并能确保他人理解自己的思想和意图。
三级	在与他人交流时能够准确理解他人的观点，积极地给予反馈；表达言简意赅，具有较强的逻辑性，观点清晰明确；能熟练运用本岗位涉及的商务写作技巧，语言简洁，条理清晰，并能起草公司的普通文件。
四级	能通过一些语言技巧（如使用比喻、排比等）清晰地表达较为深奥而复杂的观点；在表达时能有意识地使用一些肢体语言作为辅助，增强感染力；具有较强的说服力和影响力；商务写作文笔流畅，能起草公司的重大文件。
五级	能预见他人的需要和关注点，根据不同对象采取相应的沟通策略；对不同对象和情境所要求的沟通方式有系统和深入的认识，并能自如地运用和灵活调整；沟通时有较强的个人魅力，影响力极强；精通商务写作，能在不同的场合遵循不同的写作原则，书面沟通时有较强的感染力
学习能力	
级别	分级定义
一级	在工作中能够理解和应用领导或同事传授的知识和技能；遇到新的知识，能主动学习，但自己没有有效的学习途径与方法。
二级	能从工作中不断总结经验、吸取教训，对工作有所改进；持续学习钻研新的业务知识，积极主动地参加公司安排的培训与交流活动。

续表

级别	分级定义
三级	善于虚心请教公司内外专家，调整、修改他人的经验和做法，用于解决不同的问题；主动寻求各种学习机会，了解业务动态并在实践中运用，对工作有实质性的改进。
四级	将各方面知识的精髓融为一体，得到处理不同问题的通则或经验方法；能将各方面知识变成自己的东西，用它来分析现实中的工作问题，提出有效的解决办法，从而提高工作效率。
五级	从经历的偶发体验或事件中，总结解决问题的方法并加以运用；在公司工作范围外寻找机会提高自己的知识水平，在公司扮演最新技术的倡导者；能对公司的系统及模式进行改进，为公司带来效益

执行力

级别	分级定义
一级	遵从上级的命令，需要在他人的监督下完成工作任务。
二级	遵从上级的命令，能够独立地按照预定的计划完成工作任务。
三级	准确理解上级交办的工作，主动思考如何按照计划顺利完成任务。
四级	面对困难，积极寻求解决方法并采取必要行动，能按照计划很好地完成工作任务。
五级	面对执行过程中超乎寻常的困难和阻力，能够采取有力的措施解决，出色地完成工作任务

计划控制能力

级别	分级定义
一级	能够参与制定团队工作目标与工作计划，针对简单任务，组织与协调他人互相配合，在上级的协助下，解决工作中的常规问题，完成简单的团队工作任务。
二级	能够基于团队工作目标与工作计划展开工作，依照公司相关规定掌握工作方法，协调相关资源，组织团队成员推进工作，解决团队内部分工及相对复杂的问题，确保团队计划按时完成。
三级	能够基于部门的工作目标与工作计划展开工作，根据经验形成解决方案并有效分工，监督与辅导成员的工作过程，调用内部资源，解决部门内部相对复杂的问题，按时高质量地完成工作计划，参与建立健全部门内部管理流程与制度体系。
四级	能够基于业务单元或职能条线的工作目标与工作计划展开工作，设计可行的解决方案，并监控与辅导下属成员或部门的工作过程，整合与协调跨部门及业务板块的公司资源，积极获取外部资源，解决计划实施中的复杂问题，推动工作计划的有效达成，建立健全业务条线或职能条线的经营管理与内控体系。

级别	分级定义
五级	能够基于公司整体工作目标与工作计划展开工作，明确工作方向与工作策略，指导分管部门制定可行的解决方案，并监控、检查分管职能与业务板块的工作过程与成果，解决公司层面的复杂性问题，整合与调配公司内外部资源完成工作计划，建立并完善公司整体的经营管理与内控体系

团队管理能力	
级别	分级定义
一级	能按公司要求组织团队成员完成团队工作任务，并能有效带领、指导、激励团队小组成员，协调内部关系，完成相对单一的工作目标。
二级	团队成员有一定的分工，团队成员在合作中无明显冲突，能完成团队任务，并通过有效带领、指导、激励专业领域团队，协调内外部关系，促使团队和谐、充满激情地完成相对复杂的工作目标。
三级	能够根据团队成员特点合理分工，在工作过程中能对团队成员进行工作指导，工作任务完成较出色，并能有效带领、指导、激励一个部门的团队，协调各方面的关系，促使团队和谐、充满激情地按时、高质量地履行部门职能，实现部门的工作目标。
四级	能够关心、关注、辅导团队成员，并能进行有效的激励，使每位成员获得成长，使部门内部和谐、士气高昂、绩效出色；能通过分权、授权，有效带领、指导、激励多部门工作团队或跨专业团队，协调各方面的关系，使团队能够和谐、富有动力地按时、高质量地完成确定的工作目标。
五级	能够发挥个人影响力，整合团队成员的价值取向，积极影响团队的氛围，形成良好的团队文化，带领团队成员克服各种困难，取得优异的团队绩效；能够通过多层次分权、授权，有效带领、指导、激励直接和间接下属统一目标、协调一致、和谐而富有动力地完成全局性工作目标。

（四）因素加权

在评价因素中，各个因素的重要性、被关注程度是不一样的。因此，在评价得分计算中就有必要对因素进行加权，赋予每一个因素不同的权重。因素加权的原则为：重要的因素权重高，次要的因素权重较低。

案例：评价因素权重划分案例

表5-6 评价因素权重划分案例

维　　度	维度权重	因素名称	因素权重
任职资格	18%	学历水平	5%
		知识技能	6%
		工作经验	7%
管理责任	10%	下属人数	5%
		督导责任	5%
沟通协调	13%	内部沟通	6%
		外部沟通	7%
工作特性	16%	工作独立性	5%
		工作复杂性	5%
		工作创新性	6%
工作条件	3%	工作条件	3%
业绩影响	40%	业绩影响	40%

（五）因素评分

完成职能梳理、评价因素梳理、因素分级、赋值和加权后，可以用每一个因素的得分来对各个岗位进行评分。评分的关键是判定该岗位在该因素上处于什么级别，根据不同的级别赋予不同的分数，然后进行加权，最后将同一岗位在不同因素上的得分进行加总，即可得出该岗位的总分。

当所有的岗位评价结束后，依据得分进行排序，即可得到采用岗位评价因素评分法的评价结果。

依据评分结果，可以将岗位进行分档，即把某一个分数段划分为一档。表5-7将38个岗位划分为9个档次，如此，明确进入激励对象范围的档次就比较容易了，最多再通过两步就可实现：第　步，确定哪些档次进入激励对象范围；第二步，由公司决策小组依据评价因素之外的其他考虑对第一步的划分结果进行微调。

表5-7 因素评价结果及档次划分

编号	一级部门	二级部门	岗位名称	得分	档次/等级
1	总裁办公会		总裁	940	12
2	总裁办公会		常务副总裁	850	11
3	总裁办公会		副总裁（分管技术）	800	11
4	总裁办公会		副总裁（分管市场）	793	11
5	总工办		总工	772	11
6	董事会办公室		董事会秘书	626	10
7	事业部	事业部领导	事业部总经理	626	10
8	总裁办公室		总裁办主任	503	9
9	事业部	事业部领导	事业部销售总监	479	9
10	事业部	事业部领导	事业部副总经理	471	9
11	事业部	事业部领导	事业部技术总监	467	9
12	财务部		财务部经理	439	8
13	人力资源部		人力资源部经理	413	8
14	市场部		市场部经理	394	8
15	采购部		采购部经理	372	7
16	事业部	事业部领导	事业部总经理助理	367	7
17	事业部	研发部	研发部经理	341	7
18	董事会审计部		审计部经理	338	7
19	总工办		总工办副主任	332	7
20	业务发展部		业务发展部副经理	305	7
21	事业部	销售部	销售部经理	317	6
22	总裁办公室	行政部	行政部经理	302	6
23	事业部	研发部	项目经理	301	6
24	事业部	管理生产部	管理生产部经理	290	6
25	事业部	研发部	研发部副经理	276	6
26	事业部	销售部	高级销售经理	252	5
27	事业部	研发部	高级软件工程师	251	5
28	财务部		会计主管	223	5
29	总工办		项目管理主管	223	5

续表

编号	一级部门	二级部门	岗位名称	得分	档次/等级
30	总裁办公室		信息化主管	216	4
31	董事会办公室		证券事务代表	210	4
32	采购部		采购主管（国际）	206	4
33	总裁办公室		计划主管	205	4
34	事业部	销售部	销售经理	194	4
35	事业部	研发部	中级系统集成工程师	189	4
36	事业部	研发部	中级技术支持工程师	187	4
37	事业部	研发部	中级硬件工程师	184	4
38	事业部	研发部	中级软件工程师	181	4

三、美世IPE岗位评估模型详解

（一）美世IPE的4因素10维度

1. 美世IPE岗位评估模型

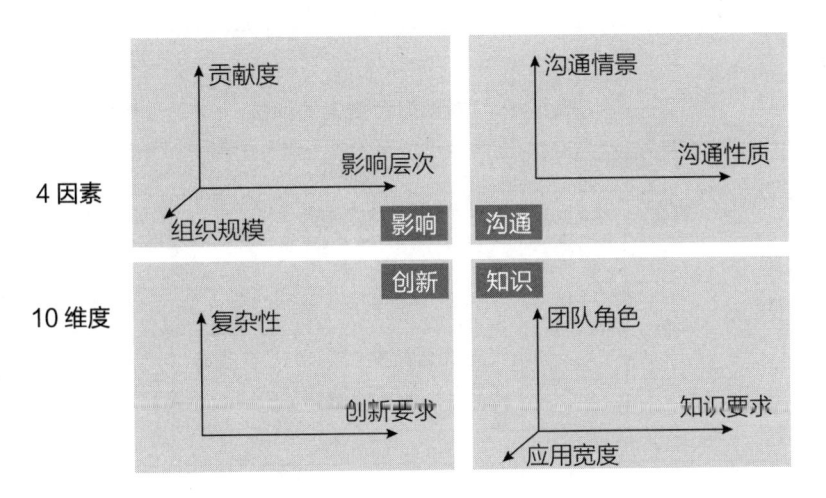

图5-3 美世IPE评价的4因素10维度

2.对影响因素的定义

表5-8 对影响层次的描述

影响层次	参照岗位	描 述
交付性	助理、专员	依据固定的标准和说明交付
操作性	主管、小班长、小组织	在操作目标和服务标准范围内工作
战术性	部门负责人、项目负责人	根据组织策略,制订运作计划并执行
策略性	总监、事业部总经理、公司副总	根据组织的蓝图,建立和实施着眼于中长期发展的经营策略
远见性	总裁、董事长	明确发展方向,践行使命、愿景和价值观

表5-9 对贡献度的描述

贡献度	描 述
有限	辅助他人达成结果,贡献甚少或有一些协助贡献
部分	协同他们达成结果,贡献有一些或是间接贡献
直接	主导或领导别人达成结果,有直接的贡献
重要	依据个人的能力和努力达成结果,有显著贡献
主要	全权谋划达成结果,有决定性贡献

表5-10 对部门负责人的评价

影响层次	贡献度				
	1.有限	2.部分	3.直接	4.重要	5.主要
1.交付性					
2.操作性					
3.战术性			实施经营策略时,对于事业部/职能部门结果有直接影响		
4.策略性					
5.远见性					

3.对沟通因素的定义

表5-11 对沟通性质的描述

沟通性质	描 述
传达	对信息进行全面、真实、准确传递,只需要获得或者提供信息,不需要对信息进行加工。
解释与交流	根据不同的时间、地点、情景,灵活地表述和解释事实、事件、政策等,使对方理解。
影响	说服他人接受已确定的原则和方法,沟通过程中可能需要根据对方的反馈对沟通内容进行少量的调整,以对方接受为目标。
商议	说服他人接受完整的方案或计划,通过讨论和妥协控制沟通,达成协议。
战略性谈判	在一个具有长期战略意义的构架内,说服具有不同观点、不同立场和不同目的的人达成一致意见

表5-12 对沟通情景/对象的描述

沟通情景/对象	描 述
内部共享	为了达成共同的特定目标和组织内部人员进行沟通
外部共享	与组织外部有一致意愿的人员进行沟通
内部分歧	与组织内部有分歧意愿的人或团体进行沟通
外部分歧	与组织外部目标或角色有根本性冲突的人或团体进行沟通

表5-13 对部门负责人的评价

| 沟通性质 | 沟通情景/对象 ||||
	1.内部共享	2.外部共享	3.内部分歧	4.外部分歧
1.传达				
2.解释与交流				
3.影响			在同一组织内,说服那些持怀疑态度或不愿意接受新概念、新惯例和新方法的人	
4.商议				
5.战略性谈判				

4.对创新因素的定义

表5-14 创新要求的定义

创新要求	描 述
跟从	依据具体的作业指导或方法,无须改变。针对操作、执行职位
核查	按程序检查,稍做改进,是有限的变化
改进	在原有基础上修改,日常的局部修改
提高	在原有基础上做重大修正、改进和显著提高的程序和方法
创造/概念化	创造全新的程序、方法、技术
方法/技术突破	重大突破、革命性的进步,技术或管理的重大变革

表5-15 创新复杂性的定义

创新复杂性	描 述
明确的	问题明确,易于解决,无须调查
困难的	问题模糊,解决起来有一定的难度
复杂的	广泛的调查分析才能解决问题,须跨部门解决
多方面的	涉及商业的方方面面,需要系统思维和方法解决

表5-16 创新因素的评价

创新要求	创新复杂性			
	1.明确的	2.困难的	3.复杂的	4.多方面的
1.跟从				
2.核查				
3.改进			在自己工作范围内,分析复杂的事情和改善工作方法	
4.提高				
5.创造/概念化				
6.方法/技术突破				

5.对知识因素的定义

表5-17　对知识深度的定义

序号	知识深度定义	描述
1	有限的工作知识	高中、职高学历就可以，不要什么经验就能上手
2	基本工作知识	基础性的技术知识，中专、专科教育水平或者有一定的实践经验
3	宽广的工作知识	本科教育水平，或有相当的技能、经验
4	专业知识	本科、硕士教育水平，有某个专业的精深知识
5	资深专业水平	某领域内多数专业精深
6	部门专家/组织通才	某领域内全部专业精深，或者有跨部门的管理经验
7	部门知识杰出/广博的实际工作经验	某个领域的专家、权威，或者具备跨所有业务部门和职能部门的管理经验
8	宽广和深厚的实践经验	具备组织内所有职能精深的专业知识和管理经验

表5-18　对团队角色的定义

序号	团队角色定义	描述
1	团队成员	个体贡献者，没有直接领导他人的责任
2	团队领导	在技巧上指导他人（至少三人），领导、规划、分配并监督工作
3	多团队经理	指挥2个以上团队，决定团队的架构和成员的角色

（二）评估举例

表5-19　美世IPE模型评分举例

评估日期						评委姓名				
职位名称		会计		采购主管		人事专员		销售工程师		结构工程师	
		Degree	Points	Degree	Points	Degree	Points	Degree	Points	Degree	Points
1影响	组织规模	4	62	4	117	4	62	4	107	4	62
	影响层次	2		3		2		3		2	
	贡献度	2		3		2		2		2	

续表

评估日期						评委姓名				
职位名称		会计		采购主管		人事专员		销售工程师		结构工程师
2沟通	沟通性质	2	40.0	4	100.0	3	55.0	4	80.0	2	40.0
	沟通情景	2		4		2		3		2	
3创新	创新要求	3	45.0	4	70.0	3	45.0	3	45.0	3	50.0
	复杂性	2		2		2		2		3	
4知识	知识深度	3	60.0	4	125.0	3	60.0	4	90.0	3	60.0
	团队角色	1		2		1		1		1	
	应用宽度	1		1		1		1		1	
总分		207		412		222		322		212	

四、海氏岗位评估模型简述

海氏职位评价系统（如图5-4所示）又叫"指导图表——形状构成法"，是由美国工资设计专家艾德华·海于1951年研究开发出来。它有效地解决了不同职能部门、不同职务之间相对价值的比较和量化的难题，被企业界广泛接受。

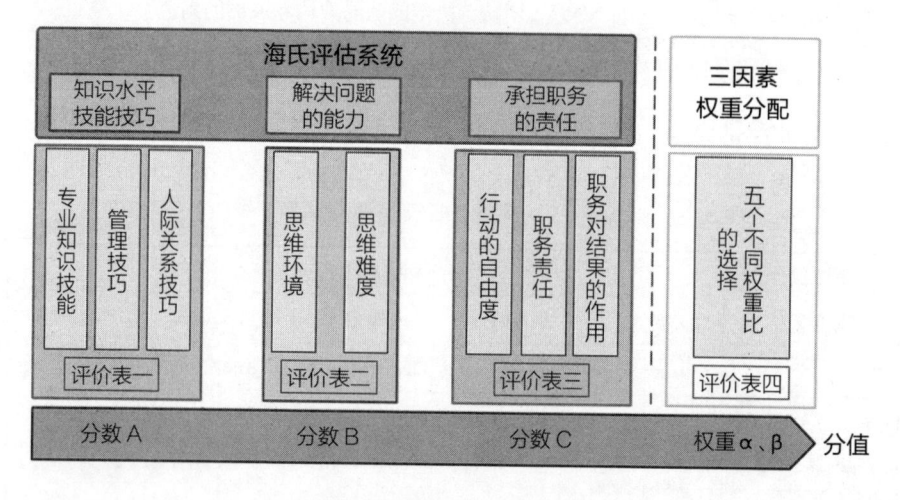

图5-4 海氏岗位评估系统

海氏评估实质上是一种评分法，认为所有职位包含的付酬因素可以抽象为三种具有普遍适用性的因素，即知识技能水平、解决问题能力和风险责任，通过三套评价量表，最后将所得分值加以综合，算出各个工作职位的相对价值。

岗位评估因素评分法能够清楚、客观、系统地定义岗位相关因素，对参评者的要求不高，受主观因素的影响小，评价结果稳定，准确性高，也容易被大家接受和理解，不容易导致较大的分歧。但是，岗位评估因素评分法的缺陷也是显而易见的，该方法比较复杂，准确提取岗位因素的难度较大，因素分级和定义的难度大，分级和赋值也难以将定性的职能完全定量化，导致评价结果也会受主观理解等因素的影响。

在实践中，岗位评估排序法和岗位评估因素评分法是较为常见的方法。除此之外，还有分类法、要素比较法等。对于规模小、岗位设置相对简单、决策层对核心骨干员工了解清楚的企业来说，需要尽可能简化岗位评估。最简单的方法莫过于将岗位分为三个层面：核心层、中间层、骨干层。核心层包括董事、高管、核心技术人才、核心业务人才；中间层包括中层管理人员、重要技术和业务人员；骨干层包括中间层外围，是企业实现业务目标的必需人才。然后，附加几个刚性条件，比如司龄3年以上等，也能很容易地将激励对象的范围确定下来。

通过上述分析，我们还可以得出一个结论——所谓"定人"其实是"定岗"，然后由岗定人。

第三节 案例：激励对象动态调整方案设计

一、企业的背景和咨询项目的挑战目标

KP公司是中国领先的民办高等教育经营企业，2019年于中国香港上市，2020年经营性利润超过5亿元。上市之后，为了回馈员工，保留、吸引并激励核心骨干人才，提升核心骨干员工的价值，决定实施上市之后首次股权激励。

我们受聘来设计股权激励方案，经过调查、面谈诊断后，我们发现项目的难点，激励对象的甄选是动态变动的，同一职级员工的差异较大，比如学院董事会成员之间和二级学院院长之间的差异较大，**既不能否定职级，也不能仅以职级为甄选标准**。经过反复多次的碰撞，双方拟定项目方案的目标主要表现在：

①不以层级、级别为标准，打破层级界限，唯"价值论"。

②通过价值评估，将员工价值数字化，将价值的关键因素转变为"积分"

③每一期激励依公司的业绩、激励股份数量等情况设定一个"分数线"，积分超出分数线的员工为激励对象候选人通过价值评估，将员工价值数字化，将价值的关键因素转变为"积分"。

④为避免不适合的个别人员进入激励候选人行列，以及应激励的人员未进入候选人行列，可以附加"校龄多少年"等刚性条件，并拟订董事会权限，如"董事会认为应当激励的，对公司的经营业绩和未来发展有直接

影响的其他人员"。

⑤给足够多的员工明确的希望和发展途径，有预期、能预测。

这里需要说明的是，因为公司是在中国香港上市的，"激励股份池"中的股票可以多年、多次实施股权激励。如果是在中国大陆上市的企业，每一期股权激励计划的激励对象只能减少，不能新增，也就是不可能动态激励对象了。

二、激励对象的甄选

（一）纳入积分人员的刚性条件（有资格人士，或称之为激励对象候选人）

职级职称：高等教育系列副高及以上职称，或副处级（中等职业学校校级）及以上职务人员，以及相当于副高或副处级及其以上职称或职务人员，或者董事会认为应该激励的对公司经营业绩和未来发展有直接影响的人员。

校龄：正高职称和学院领导校龄1年以上，其他人员校龄3年以上。

年龄：不超过法定退休年龄，或超过法定退休年龄，但仍返聘担任专职岗位人员。

无严重过错：5年内未受党纪、政纪处分，未弄虚作假、剽窃他人成果，未师德考核不合格。

无犯罪：无刑事犯罪记录。

符合上述条件而无须进行积分核算的人员，以及不符合上述条件而特批进行积分核算的做出突出贡献或成果等特殊人才，由学院董事长审批。

（二）确定董事会的特别权力

符合资格无须进行积分核算的人员，以及不符合资格条件而特批进行积分核算的做出突出贡献或成果等的特殊人才，由学院董事长审批。

董事会认为应该激励的对公司经营业绩和未来发展有直接影响的人员，可自行酌情直接从符合资格的人士中指定获选参与者，并不考虑该直接指定符合资格人士的岗位价值、个人价值和业绩价值。

除股份奖励计划规则另有所指外，董事会及受托人按照股份奖励计划和信托契据就该计划的管理及运作所做出的决定是最终决定，并对所有各方具有约束力。

（三）人员进入漏斗，核心骨干人员有期盼，有预期

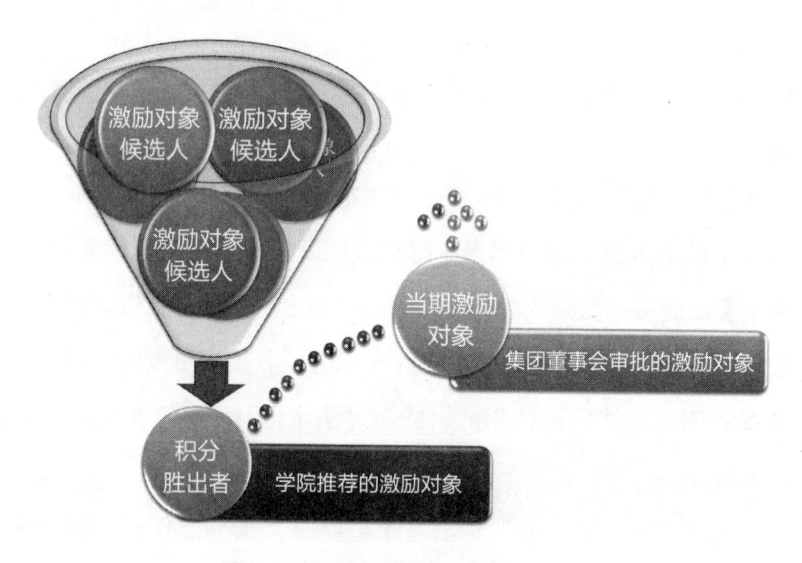

图5-5 从激励对象候选到激励对象

三、价值测评

（一）员工价值分解为三个方面

①岗位价值（权重分）

②个人价值（权重分）

③业绩价值(加减分)

(三)岗位价值测评

①值测评流程,如图5-6所示。

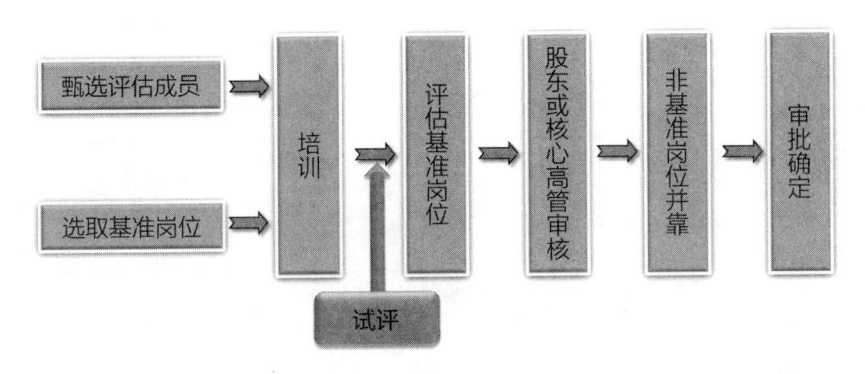

图5-6 价值测评流程

②取基准岗位。

表5-20 基准岗位

级 别	基准岗位	测评岗位
4级	校级	校长/院长
3级	副校级、正高级	副校长、正高专任教师、党委书记、二级学院院长
2级	正处级、副高级	副高专任教师、高级工程师、高级会计师、高级实验师、保卫处长、财务处长、采购中心主任、就业指导中心主任、科技处处长、图书馆馆长
1级	副处级	学生处副处长、团委书记、信息中心主任、宣传部主任、招生办公室主任……

③岗位测评工具。

美世IPE(详见本章第二节)。

(三)个人价值测评

个人价值因素=校龄+历史贡献+可替代性+发展潜力

表5-21 个人价值测评因素

类别	测评因素
过往的因素	过去的贡献,服务时间长短
现实因素	业绩贡献,可替代性
未来因素	未来贡献,发展潜力

表5-22 个人价值测评表{权重是90%,还差10%是100%}

评估维度	权重	得分	评估标准
历史贡献	45%	9~10分	对学院的发展做出了杰出贡献,其成就直接影响学院的成败
		7~8分	对学院的发展做出了突出贡献,对学院的市场开拓、成本降低、效率提升、新产品开发、管理进步等产生重大影响
		5~6分	对学院的发展做出了明显贡献,在学院的市场开拓、成本降低、效率提升、新产品开发、管理进步等方面产生一定的影响
		3~4分	对学院的发展做出了一定的贡献,职责范围内工作良好
		1~2分	对学院的发展做出有限贡献,职责范围内基本合格
发展潜力	20%	9~10分	潜力特大,未来可对学院产生重大贡献
		7~8分	潜力很大,有很大的上升空间
		5~6分	潜力良好,有较大的上升空间
		3~4分	有一定的潜力和上升空间
		1~2分	潜力和上升空间很有限
可替代性	25%	9~10分	不可替代:目前在学院完全不可替代,若缺失将严重影响学院的发展
		7~8分	难以替代:目前在学院难以替代,若流失将损失较大
		5~6分	替代有损失:目前在学院难以替代,流失将对学院产生一定的损失
		3~4分	替代有影响:目前在学院可以替代,但会对学院造成短期的影响
		1~2分	可以替代:目前在学院可以替代,且几乎没什么不良影响
校龄	10%	1~10分	校龄每满1年,记1分校龄超过10年的,记10分

（四）业绩价值加减分

表5-23　业绩价值加减分

业绩价值加减分项	参照标志
1.科研教研业绩加分	科技成果奖励与教学成果奖励、科研课题、学术论文、学术著作、指导学生获奖
2.授课课时加分	127课时为基准，每超过或缺少____课时加或扣____分
3.学生评教成绩加减分	（1）学生评教成绩的名次进入本院（系、部）前30%加____分 （2）学生评教成绩的名次进入本院（系、部）前50%加____分 （3）学生评教成绩的名次进入本院（系、部）后50%，减____分
4.外派加分	（1）被派遣担任收购院校校长，每年加____分 （2）其他需要独当一面的重要外派岗位的人员，每年加____分
5.人员异动	高等教育系列副高及以上职称，或副处级（中等职业学校校级）及以上职务人员异动： （1）介绍入职并通过试用期：每成功介绍1人，介绍人加2分 （2）上年度绩效评价称职及以上人员离职：每离职1人，离职人员直接上级扣1分 （3）介绍副高以下专职教师入职并完成试用期，每成功介绍1人，介绍人加1分
6.年度业绩考核加减分	（1）优秀：加8分 （2）称职：加3分 （3）基本称职：不加不减 （4）不称职：减20分
7.工作事故减分	1级事故：对学院声誉造成重大影响，或财产遭受重大损失的事故。每次减20分 2级事故：对学院声誉造成较大影响，或财产遭受较大损失的事故。每次减10分 3级事故：对学院声誉造成一定影响，或财产遭受一定损失的事故。每次减5分 事故等级由学院董事会认定
8.其他系列关键事件加分	（1）超出领导预期或产生高度正面影响，很受赞赏的正面关键事件。每次加____分 （2）超出领导预期或带来较好正面影响，应受表扬的正面关键事件。每次加____分
9.学院董事会认为应该纳入加减分的其他项目	

（五）员工积分（价值）构成

员工积分=（岗位价值得分×40%+个人价值得分×60%）+业绩价值加减分

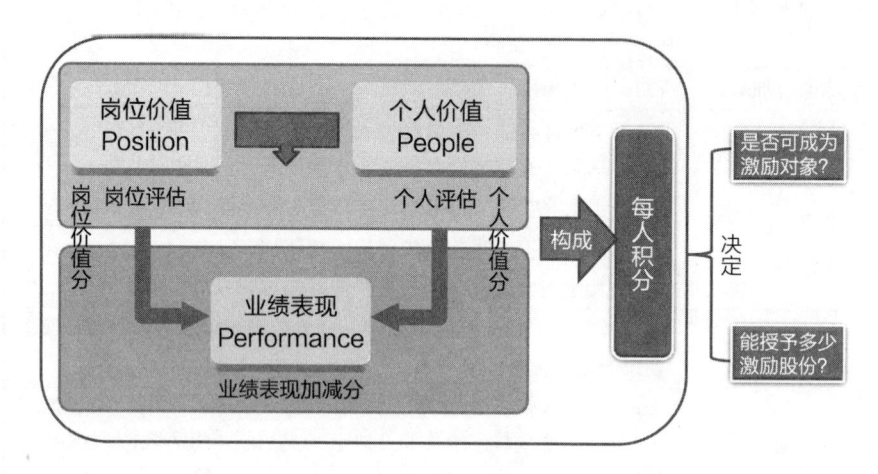

图5-7 员工积分构成

四、积分应用

（一）激励对象的甄选

分数线确定：集团依据内外因素，确定激励时间及激励股份总额，并公布进入当期激励候选人员积分最低分值。

公示：学院董事会拟订当期激励候选人员后，将其姓名、职务、积分情况进行公示；公示无异议后，学院董事会进行激励股份份额初步分配，然后将激励对象姓名和份额分配建议报集团董事会批准。

新旧交替：已经进入激励对象的人员，每年仍然核算累计积分，但在该批股权激励计划随后的各期激励中，不再进行积分排队。如果确有必要在一批激励计划中重复激励的，由学院董事会审议后报集团董事会审批。

失信责任：弄虚作假个人，以及提供虚假材料的部门负责人（正职）、教学单位负责人（主任、二级学院院长、党总支书记），当年及其后3年积分资格取消。

（二）激励股份分配

①设置各层级岗位分配系数：层级越高，系数越大。这样既拉开层级差距，又表明不同层级岗位同样分数的价值不同。

②本层级岗位分配总额=（本层级岗位分配系数和/各岗位层级分配系数）×本期分配激励股份总额。

③某激励对象分配额度=（该激励对象总积分/本层级各岗位积分之和）×本层级岗位分配激励股份总额。

④微调。

五、以积分作为价值衡量标准的意义

①公司毫无保留地明确：以积分多少确定每一期股权激励对象。

将价值数字化，打破层级界限，更具有说服力。

罚款影响心情，不如扣积分；奖金可能不在意，不如加积分。

能给更多的骨干员工明确的希望和发展途径，有预期、能预测。

以此激发整个组织的活力，提升组织价值创造力。

②能让企业的制度执行更有力度。

比如《科研与教研工作量计分与奖励办法》，如果同时将教研科研业绩进行不同的加分，效果会如何？

比如《监察工作若干规定》有警告、通报批评、责令改正或给予纪律处分，如果扣积分，效果会如何？

比如《教学工作量管理办法》，教学工作量酬金可能有的教师不看重，如果再附加上加减分，效果会如何？

③能助推学院管理中难题的解决。

比如学院缺专任教师。介绍入职并通过试用期：每成功介绍1人，介绍人加2分；上年度绩效评价称职及以上人员离职：每离职1人，离职人员直接上级扣1分。

比如收购快马加鞭，外派校长是个大难题。被派遣担任收购院校校长，每年加8分。（同时，所有人依据业绩考核加减分，比如优秀加8分、称职加3分、基本称职不加不减、不称职减20分）。

④加减分成为有力的管理手段：有形的胡萝卜、无形的大棒。

第六章

动态激励额度

《论语·季氏》第十六篇:"丘也闻有国有家者,不患寡而患不均,不患贫而患不安。盖均无贫,和无寡,安无倾。"

定授予额度即定量,就是确定股权激励的股份数量,包括定总量和定个量两个层面。定总量,是指本次股权激励计划拿出多少股份用来激励,包括首期分配额度和预留额度,以及各个组织或单元分别分到多少激励股份。定个量,是指每一个激励对象授予多少激励股份。这里涉及两个核心问题,股东要高度重视。

一是股权架构设计问题,实股激励额度越大,对原股东的稀释比例就越大。原股东尤其是创始人股东、实际控制人要高度重视股权激励实施后对股权架构的影响,特别要考虑是否危及个人的控制权问题,并且要前瞻性地测算如果再一次实施股权激励计划会产生怎样的后果。二是激励力度问题。这两个问题相辅相成,激励额度越大,激励力度越强,但对股东的稀释比例也越大,创始人股东的控制权下降幅度越大。但是,如果激励力度不够,又难以发挥激励约束的作用。这时,我们需要考虑激励力度和约束力度,激励力度可以分为几个层次:满意、比较满意、超出期望、出乎预料、激动、震惊、崩溃。

当然,企业的股权激励计划既不会有绝对的公平,也难以让所有人都满意。一方面股东要认识到"轻财而聚人,财聚人散、财散人聚"的道理,要从股权激励外驱力和内驱力的角度认识授予核心骨干人员股份的必要性,这不是施舍,也不是恩惠,是必要的、多赢的。俗话说:"薪金百两是外人,身股一厘自己人。"另一方面在激励对象中,往往有些人期望不切实际。在此种情况下,除了加强沟通交流没有好办法,正所谓"升米恩,斗米仇"。

第一节　上市公司的总量和个量

在《上市公司股权激励管理办法》中,对上市公司总量和个量有明确的限制性规定。

第十四条　上市公司全部在有效期内的股权激励计划所涉及标的股票总数累计不得超过公司股本总额的10%。非经股东大会特别决议批准,任何一名激励对象通过全部在有效期内的股权激励计划获授的本公司股票,累计不得超过公司股本总额的1%。

第十五条　上市公司在推出股权激励计划时,可以设置预留权益,预留比例不得超过本次股权激励计划拟授予权益数量的20%。

上市公司应当在股权激励计划经股东大会审议通过后12个月内明确预留权益的授予对象;超过12个月未明确激励对象的,预留权益失效。

上述条款主要对上市公司股权激励"定量"三个方面的上限做出明确规定:对这三个方面规定上限,有一个主要目的是保护中小投资者的权益,以免公司为核心骨干员工发放福利时,过多稀释中小投资者的权益。

实操:多元化业务公司的总量确定

多元化业务公司,尤其是规模比较大的集团性多元化公司,在实施股权激励计划时，确定激励总量的分配比较复杂。

所谓的总量分配，指将企业的股权激励总量分配到各业务单元（子公司/事业部）和职能平台的环节，解决的是该业务单元和职能平台总共获得多少激励股份的问题。

与总量分配相对应的就是个量分配，是指每一个激励对象获得多少激励股份。如果企业规模比较大，领导不了解很多激励对象的工作情况，甚至都不认识激励对象，在实施股权激励计划时，一般会先进行总量分配，再在各个总量范围内进行个量分配。为了保证企业内部的相对公平性，企业可将个量分配授权给业务单元的负责人，因为他们对人员最了解，但也要制定明确的原则，甚至可以细化到哪个职位层级人员的平均数量有多少或不得超过多少，并且需要由公司领导小组评审才能最终确定。

在多元化集团公司，进行第一层面的总量分配的复杂性首先源于各差异化业务单元，类似的组织机构名称的职能、类似的岗位名称的价值有较大的区别；其次源于不同业务单元处于不同的发展阶段；最后源于不同业务单元的价值定位不同。

1.在设置组织机构时，各业务的差异性大导致各机构的职能差异性大

比如同样是生产部，有的生产内容仅仅是组装，有的可能要从模具、零部件开始一直生产出成品；有的需要在高温复杂的条件下完成，有的可能在办公区就能完成。这些差异，导致岗位的设置、同一岗位的任职资格、同一岗位职能的差异也很大。再如，建筑公司的土建班长和芯片公司的生产部长工作内容更是有天壤之别。在同一家多元化集团中，建筑公司的土建班长进入激励对象范围的可能性很小，但芯片公司的生产部长进入激励范围是必然的。又如，代理业务的技术总监和软件业务的技术总监等，岗位名称虽一样，但职能不一样，任职条件也不一样，岗位价值更不一样。

2.在多元化业务集团中，各差异化业务所处的发展阶段往往不同

有的处于培育阶段，有的处于上升阶段，有的处于成熟阶段，也有的

可能处于衰退阶段。那么，针对处于不同发展阶段的业务之间的类似岗位，激励的必要性、迫切性也不尽相同。处于培育阶段、上升阶段的业务单元，对其核心骨干员工实施激励的必要性强、迫切性强；处于衰退阶段的业务单元，对其骨干员工实施激励的必要性、迫切性相对较弱。

3. 在多元化业务集团中，各差异化业务的价值定位往往不同

有的肩负创造利润的重任，有的肩负提高收入的重任，有的肩负扩大公司影响力、塑造公司品牌的重任。价值定位不同，我们对各业务单元的评价标准就不同；评价标准不同，那么得出的价值评价结果就不同。所以，不能说哪个业务单元创造的利润越多，它们分得的激励股份就越多；也不能说哪个业务单元的收入越高，它们分得的激励股份就越多。当然，对于价值定位相同的业务单元而言，一般可以采用相同或相近的评价标准，并且得分高就代表干得好，就应该比得分低的业务单元分得到更多的激励股份。

依据多元化业务在各业务单元之间分配总量时，一般要同时考虑如下几个因素：

①历史贡献。

关于历史贡献的评价必须依据上述价值定位，但不能统一标准。即使评价指标接近，指标的权重也会有所不同。业务价值定位为创造利润的，利润指标的权重高；定位为增加收入的，收入指标的权重高；定位为扩大影响力、塑造品牌的，则在这方面的重点工作权重高。

②在现有团队的率领下，业务单元未来的发展潜力和业绩贡献。

这里强调的是现有团队，因为在进行总量分配时我们激励的是团队，评价的也是团队，即团队的贡献。

③业务的品牌影响力。

④相似级别人员的工作差异性（管理幅度、管理难度和技术复杂性）。

这一点非常重要，正如前文所述，同样是"总监"，此总监与彼总监可能在任职条件、价值及可替代性方面存在差异。

⑤潜在激励对象的占比。

这是有点像"大锅饭"的指标，其实也是很重要的指标。有的业务，其特点决定了团队非常精简，但创造的价值很高；有的业务，其特点决定了团队相对复杂，职能链条长、团队规模大，但此业务仍是公司核心业务。所以，在不同的业务单元中，潜在的激励对象数量也是需要考虑的因素。

上述5点中，前3点比较容易理解和被接受，而第4点、第5点不太好衡量，下面以具体案例来说明第4点、第5点是如何衡量的。

案例：多元化公司激励股权的分配

某科技型上市A公司拥有10个业务单元，各个业务单元的业务内容均不相同，都是该领域的相关多元化业务。A公司在实施股权激励时，也面临如何在业务单元之间进行总量分配的问题。其中，有两个典型的、核心的差异化业务单元，一个是芯片子公司，另一个是国际产品代理的子公司。针对这一现状，该上市公司是这样做的。

首先，明确本次激励对象有哪些人，即正文中的第5点。A公司经过分析，明确了本次股权激励计划的激励对象为业务单元经营班子成员、公司高级管理人员、核心技术人员、经营骨干人员。其中，要重点激励以下几类人员：

第一层级：要特别关注未来几年能够带领业务单元实现发展目标的业务单元第一责任人（公司或子公司总经理）。

第二层级：未来将对公司的经营管理、业务拓展发挥重要作用的高级管理人员。

第三层级：对公司经营业绩和未来发展有重要影响的技术人员、业务骨干和职能部门负责人。

第四层级：有潜力、有志向的年轻后备人员（1980年前后出生，培养3

年左右可能成长为业务单元经营班子成员）。

其次，要求两个业务单元的总经理会同其他经营班子成员依据上述标准提出潜在的激励对象名单，并报告各潜在激励对象的基本情况，包括学历、经历、司龄、任职经历、业绩情况等，并要求人力资源部门进行初审。

再次，基本确定潜在激励对象后，将他们分为4个系列：管理人员、技术研发人员、市场营销人员和技术支持人员。

然后，依据芯片公司和国际产品代理公司的业务特点对4个不同层级和4个不同系列分别进行赋权，即分配权重。在芯片公司中，技术研发人员权重最高；在国际产品代理公司中，市场营销人员权重最高。

最后，通过二维度计算各自的虚拟激励数量单元。计算结果是国际产品代理公司获得3.275个激励数量单元，芯片公司获得4.02个激励数量单元。这个激励数量单元是可以直接对比的，如可依次根据正文中提及的5个因素中的第4个因素、第5个因素即"相似级别人员的工作差异性"和"潜在激励对象的占比"计算出各个差异化业务单元的激励数量单元，见表6-1、表6-2。

表6-1 某多元化公司代理业务团队二维评价

层级\职类	权重	管理人员	技术研发人员	市场营销人员	技术支持人员
第一层级					
第二层级					
第三层级					
第四层级					
其他					
总得分					

表6-2 某多元化公司芯片团队二维评价

层级\职类	权重	管理人员	技术研发人员	市场营销人员	技术支持人员
第一层级					
第二层级					
第三层级					
第四层级					
其他					
总得分					

随后，依据各业务单元的得分占总分的比例就可以进行总量分配。这是依据前文中提及的5个因素中的第4个因素、第5个因素进行总量分配的案例。那么针对另外的3个因素，我们同样可以进行赋值，然后在核算第4个因素、第5个因素的基础上进一步衡量或调剂。

通过赋值、赋权进行计算的过程似乎禁得住考验，也难以被挑战，但是仅仅依靠计算未必能得到合理的结果。所以，在计算的基础上还要进行人为调整。关于这方面的调整，没有可参照的绝对标准，一般情况下可依据创始人、大股东、实际控制人的印象或其关注的因素来调整。

另外，定总量还需要密切考虑动态股权布局问题（详见第三章内容）。

案例：国美控制权之争

2008年年底，黄光裕因涉嫌非法经营、内幕交易、单位行贿罪被羁押。2009年1月18日，黄光裕辞去国美董事局主席职务，随即国美总裁陈晓出任董事局主席。为了解决国美面临的危机及经营资金困境，国美电器与贝恩资本签订合作协议，贝恩资本认购国美电器发行的2016年到期的价值人民币15.9亿元的可转换债券。如果转股成功，贝恩资本将成为国美的第二大股东。贝恩资本提名三名董事任国美董事局董事。

2010年5月18日，北京市第二中级人民法院认定黄光裕非法经营、内幕交易、单位行贿罪，三罪并罚，决定执行有期徒刑14年，罚金人民币6亿元，没收财产人民币2亿元。

2010年8月4日，在狱中的黄光裕要求召开临时股东大会，并提出5项议案：

①撤销陈晓的董事局主席职务。

②撤销配发、发行和买卖国美股份的一般授权。

③撤销国美现任副总裁孙一丁的执行董事职务。

④提名黄光裕的胞妹黄燕虹进入董事会。

⑤提名北京中关村科技发展（控股）股份有限公司（股票代码：000931）副董事长邹晓春进入董事会。

随后，双方从暗斗到明争，黄光裕与国美高层博弈控制权。2010年8月，黄光裕先后斥资约4.45亿元通过公开市场增持国美电器股票，直至大股东黄光裕的总持股已经达到35.98%，但是离股东大会通过临时股东大会议案所需要的51%相差还很大。

尽管黄光裕是国美的创始人、第一大股东，但是黄光裕失去了51%的投票权，除非有5%以上投票权的小股东站在黄光裕一边，否则胜负难料。

果然，2010年9月28日，国美临时股东大会的投票结果是，国美董事局主席陈晓方面获胜。国美大股东黄光裕提出的5项议案，除了撤销配发、发行和买卖国美股份的一般授权获得通过外，撤销陈晓、孙一丁的董事职务，以及委任邹晓春和黄燕虹为执行董事的提案均未通过。

国美的控制权之争为中国企业创始人、大股东对公司的治理及股权架构问题的解决上了生动的一课。

第二节　授予个量常见的四因素

在总量分配结束之后，就要考虑个量分配。一般而言，个量分配相较总量分配要简单，主要考虑如下因素（详见第五章）。

①岗位价值。

②个人价值。

历史贡献：对历史贡献的衡量可以选择不同的角度，比如历年考核分数、过去几年中受表彰的次数和所获表彰的等级、司龄等。

岗位重要性：岗位重要性是指岗位价值。岗位价值需要评估，这在定人环节已经详述。在确定岗位重要性时，如果公司规模比较小，领导对核心骨干员工比较了解，那也有简单的方法。比如依据职位层级把激励对象分为核心层、中间层和骨干层，然后可以认定核心层为5分、中间层为3分、骨干层为1分。

可替代性：即激励对象被替代的难易程度，这与职位层级有关，但也不是职位层级越高就越难被替代，有些层级并不高的职位可替代性也很低。我们也可以把不可替代认定为5分，把难以替代认定为3分，把较难替代认定为1分，把可替代认定为0分。

发展潜力：这个指标考虑的是未来发展，股权激励既关注历史贡献，更关注未来的价值创造。我们可以把高潜力认定为5分，把中潜力认定为3分，把一般潜力认定为1分，把基本没有潜力认定为0分。

③业绩价值。

激励额度的动态调整主要包括三种情形，如图6-1所示。

- 基于股票股利、资本公积转增股本、配股而对激励额度的调整
- 基于业绩而对激励额度的调整
- 基于特定行为而对激励额度的调整

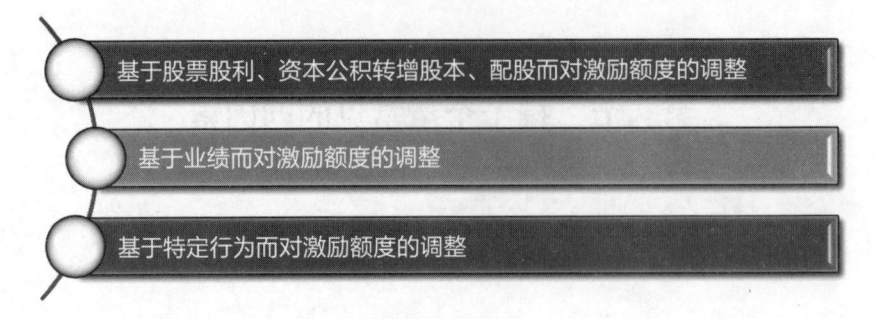

图6-1 激励额度动态调整的三种情形

一、方案：基于股票股利、资本公积转增股本、配股而对激励额度调整

若在本激励计划公告当日至激励对象获授激励股权（股票）行权（解除限售）期间，公司有资本公积转增股本、派发股票红利、股票拆细或缩股、配股等事项，基于激励股权（股票）价值同步调整原则，应对激励股权（股票）数量进行相应的调整。调整方法如下：

（1）资本公积转增股本、派发股票红利、股票拆细

$Q=Q_0 \times (1+n)$

其中：Q_0为调整前的激励股权（股票）数量；n为每股的资本公积转增股本、派发股票红利、股票拆细的比率（即每股股票经转增、送股或拆细后增加的股票数量）；Q为调整后的激励股权（股票）数量。

（2）配股

$Q=Q_0 \times P_1 \times (1+n) \div (P_1+P_2 \times n)$

其中：Q_0为调整前的激励股权（股票）数量；P_1为股权登记日当日收盘价；P_2为配股价格；n为配股的比例（即配股的股数与配股前公司总股本的比例）；Q为调整后的激励股权（股票）数量。

（3）缩股

$Q = Q_0 \times n$

其中：Q_0 为调整前的激励股权（股票）数量；n 为缩股比例（即1股公司股票缩为n股股票）；Q为调整后的激励股权（股票）数量。

二、方案：基于业绩而对激励额度的调整

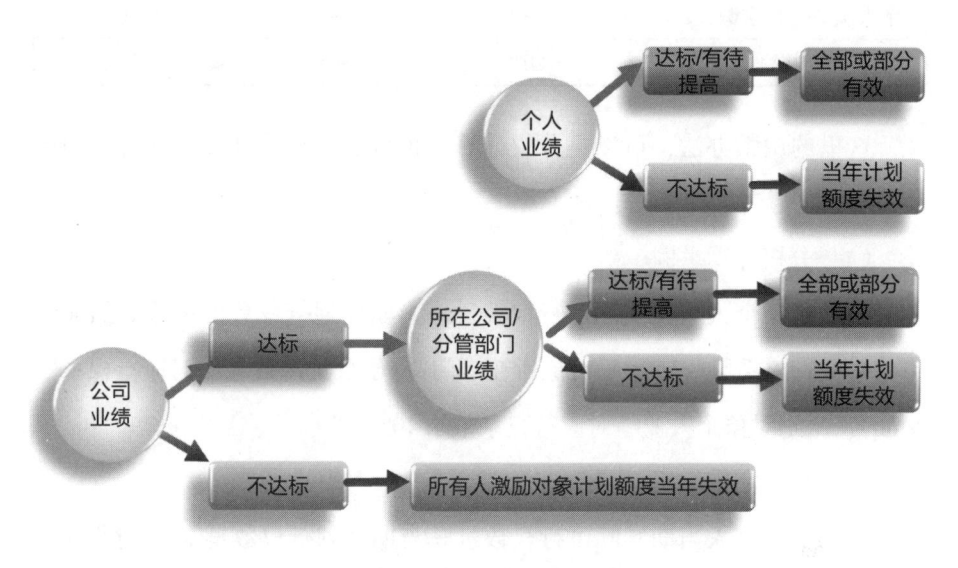

图6-2 三层业绩目标

表6-3 公司业绩对期权行权的影响

考核等级	达标	有待提高	未达标
公司绩效考核系数（X）	X≥1	0.9≤X<1	X<0.9
相应期权行权系数	100%	80%	0

表6-4 分子公司/部门业绩对期权行权的影响

考核等级	达 标	有待提高	未达标
分子公司/部门绩效考核系数（Y）	Y≥1	0.9≤Y<1	Y<0.9
相应期权行权系数	100%	80%	0

表6-5 个人业绩对期权行权的影响

考核等级	A：优 B:良	C：合格	D：不合格
个人绩效考核系数（Z）	Z≥1	0.9≤Z<1	Z<0.9
相应期权行权系数	100%	80%	0

这里的调整办法，可以是分权计算，也可以是相乘计算。前者的约束相对较小，后者的约束比较大。

（1）分权计算举例

激励对象个人当期实际可行权数量＝当期计划行权数量×【公司业绩考核对应行权系数×（激励对象所在部门/分子公司绩效考核对应行权系数×60%+激励对象个人业绩对应行权系数×40%）】

（2）连续相乘举例

激励对象个人当期实际可行权数量＝当期计划行权数量×公司业绩考核对应行权系数×激励对象所在部门/分子公司绩效考核对应行权系数×激励对象个人业绩对应行权系数

三、方案：基于特定行为而对激励额度的调整

这种特定行为一般分为三大类，不同行为可以规定对激励股权不同的调整方法。

（1）过错行为

①触犯刑法。

②违反职业道德、泄露公司机密、失职或渎职、受贿索贿、贪污盗窃、重大失职导致公司利益受到重大损失，私自从事与公司业务有竞争性的活动等损害公司利益或声誉行为。

③尚未行权的期权或已经行权的期权在限售期内，私自转让、出售、交换、抵押、质押、担保、偿还债务等。

④辞职、不辞而别。

⑤公司非因裁员而主动将之辞退或解聘的。

此类行为出现时的处理办法举例：激励对象未获受的期权不再获受；已获授但尚未行权的期权不得行权，已经行权的由公司或持股平台以授予价格回购；对公司造成损失的，由公司依照规定追究其相关责任。

（2）非过错行为

①因为能力所限不能胜任工作而降级，并且不再在本激励对象范围之内的。

②退休或病休。

③公司裁员而离职。

④劳动合同到期而未被续聘。

⑤非因执行职务而丧失劳动能力而离职。

⑥非因执行职务而身故。

此类行为出现时的处理办法举例：激励对象未获授的期权不再获授；已获授但尚未行权的期权不得行权，已经行权的由公司或持股平台以授予价格回购。回购价格为以下价格的较高者：认购价格/授予价格，回购时公司每股净资产价格。

（3）因公或依法规或公司制度而导致情形

①因工丧失劳动能力而离职。

②因工身故。

此类行为出现时的处理办法举例：激励对象未获授的期权不再获授；

已获授但尚未行权的期权不得行权，已经行权的由公司或持股平台以授予价格回购。回购价格为以下价格的较高者：认购价格/授予价格，回购时公司每股净资产价格，最近一次股权融资的价格。

第七章

动态激励收益

动态激励收益主要有两种情形,如图7-1所示。

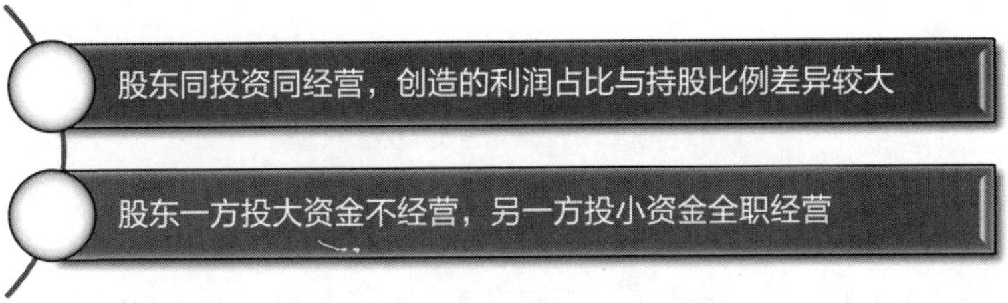

- 股东同投资同经营,创造的利润占比与持股比例差异较大
- 股东一方投大资金不经营,另一方投小资金全职经营

图7-1 动态激励收益两种情形

第一节 案例：同投资同经营的动态收益

海鲜潮汕粥连锁店的动态收益

A和B合伙创业，从事海鲜潮汕粥：

①投资1000万元，其中A出800万元，持股80%；B出200万元，持股20%。

②开了两家店，两家店都处于人流量大的豪华地段、投资相近，统一采购食材。

③股东A负责经营A店，B负责经营B店。

④约定每年利润的30%用来分红，其他留存用于随后连锁店的拓展。

两家店过去几年的经营情况如表7-1所示。

表7-1 海鲜潮汕粥经营业绩和分红情况

每年盈利一览表			
经营时间	店面A（万元）	店面B（万元）	总利润（万元）
1998	-20	-15	-35
1999	50	100	150
2020	60	150	210
2021	80	250	230
分红情况			
	A	B	合计
累计分红	133.2	33.3	166.5
占店面创利	78.35%	6.87%	30%
占总分红的比例	80%	20%	100%

面对经营业绩和分红收益的倒挂，B觉得不公平，收益没有体现经营业绩，仅仅与股权挂钩不合理。

A为了维持合作，愿意就分红做出调整。A、B通过协商，达成如下分配方案：

股东分红比例＝【（店面盈利÷总利润－持股比例）×利润分红比例＋持股比例）】

调整后的分红情况如表7-2所示。

表7-2　海鲜潮汕粥分红调整后

每年盈利一览表			
经营时间	店面A（万元）	店面B（万元）	总利润（万元）
1998—2021	170	485	655
分红情况			
	A	B	合计
累计分红	125.34	71.16	196.5
占店面创利	73.73%	14.67%	
占总分红的比例	63.79%	36.21%	100%

A的分红由133.2万元下调至125.34万元，B的分红由33.3万元上调到71.16万元。已经完成的分红，多退少补。

A看中B的经营能力，为了解决上期合作问题，A决定进行让利，经协商再进行两项调整。

①自2022年起，分红比例提高到50%，在收回投资后的下一年度，分红比例再下调至20%。

②B有权单独以每股净资产的价格增资，直至A持股60%，B持股40%。

分红比例并非持股比例，反映经营业绩，本质上是对经营业绩较好的B的一项激励。如此，才能维持合作，才能"上下同欲者胜，同舟共济者赢"。

第二节　案例：大投资者不经营的动态收益

理发店的动态收益

张楠，美容店的老板，已经开店20家，为了进入北京市场，找到长期在北京从事美容业务的高级美容师李杏合作，愿意请李杏当店长。

①双方预估，北京旗舰店的投资200万元。

②张楠出资180万元，并输入管理、技术；李杏出资20万元，全面负责经营（工资1.5万元）。

③李杏承诺，第一年有微利，3年回本。

张楠希望未来所有门店打包对接资本市场，需要按照投资额持股90%。

李杏认为门店主要是自己经营，赚的钱自己只能拿到10%，不公平。

如表7-3所示，双方协商后确定的收益分配办法为：

①按出资持股：张楠持股维持90%，李杏持股10%不变。

②分红权让渡：每年将可分配利润的50%用来分红。李杏分红权逐步提高到50%，增加的40%分红权分四年成熟，即每年提高10%的分红权。

约束条件是：三年回本（累计盈利200万元），但是，如果第三年没有回本，则第3年10%分红权提升取消；如果第四年没有回本，则分红权提升终止，即分红权为张楠70%，李杏30%；如果第四年回本，则分红权提升10%，即总共提升30%，双方分红权为张楠60%，李杏40%，分红权提升约定终止。

表7-3 双方协商后确定的收益分配办法

股东	持股比例	分红权				备注
		第一年年末	第二年年末	第三年年末	第四年年末	
张楠	90%	80%	70%	60%	50%	
李杏	10%	20%	30%	40%	50%	

> 累计盈利不低于200万元，否则第三年分红权提升10%取消

> 累计盈利不低于200万元，否则第四年分红权提升10%取消，分红权动态调整计划终止

动态激励收益，其实就是将持股权和收益权分开，在分红权中考虑人力资本的投入、经营者的收益。

第八章

破解股权激励失败的
"百慕大三角"

百慕大三角地处北美佛罗里达半岛东南部，又被称为"魔鬼三角洲"，世界十大禁地之一，不管是路过这里的船只、舰艇，以及飞越百慕大三角领域上空的飞机，都会离奇失踪。在股权激励领域，也有这样令人胆寒的"百慕大三角"。

现代股权激励诞生在20世纪50年代的美国，20世纪90年代引入我国。2010年前后，股权激励被广泛应用。

需求爆发了，导致提供股权激励培训咨询服务的人员大量涌现，大家听到了许许多多股权激励成功的故事，把股权激励捧上"神坛"，似乎实施了股权激励，企业一系列的问题就能迎刃而解。

我在中关村人才协会做了十几年的志愿者，接触了中关村大量实施了股权激励的企业，我们惊讶地发现，股权激励成功的并不多，甚至有股权激励实施失败而给企业带来巨大伤害的案例。股权激励是企业中长期激励的良好机制，但也并不是"九阳真经"，仅靠股权激励，也练不成张无忌那样独步天下的"九阳神功"。

所以，股权激励是一把双刃剑，但见成功者笑，哪闻失败者哭。

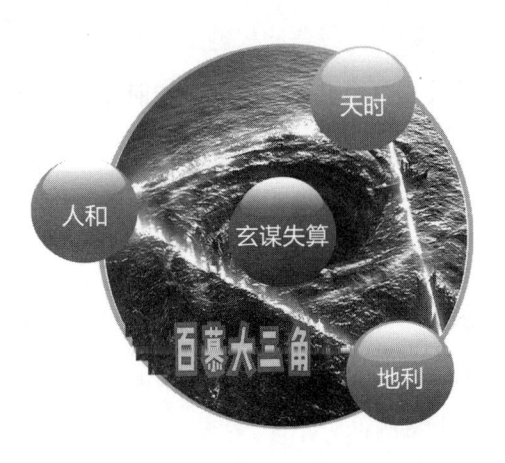

图8-1 股权激励失败的"百慕大三角"

第一节 百慕大"外三角"：天时、地利、人和

一、天时

"天时"本义是指适合做某事的气候条件：庄稼活一定要趁天时，早了、晚了都不好。

这里的"天时"是指外部环境，企业面临的外部环境。

英国作家查尔斯·狄更斯的《双城记》所说："这是一个最好的时代，也是一个最坏的时代。"

不利的天时是股权激励失败的第一个外部因素。

2021年至今的股市连续下挫，多数公司股价腰斩，即使是限制性股票计划，也有很多跌破认购价，股票期权更是接近全军覆没。

当然，不佳的天时，可能也是实施新一期股权激励的机遇期。

二、地利

"地利"本义是指地理的优势，这里指企业自身的条件、内部小环境、所处行业、行业和企业面临的问题等。

我们就遇到过三个案例：

①北京某交通设备制造业：重污染企业，在环保法严厉执行之下，希

望通过股权激励来摆脱困境。

②深圳某车载导航仪企业：被淘汰、被颠覆的产品生产企业，创新了后视镜导航，希望通过股权激励激发后视镜导航仪团队，突破公司被颠覆的困境。

③山东某服务性企业：看不到前景，营利能力不强，连续多年经营性利润基本没有提升，利润主要来源政府高额的补贴退税。希望通过股权激励促使公司上台阶，然后登陆资本市场。

面对这样的订单，我们必须婉拒，因为我们深知，股权激励不是万能的，股权激励不能挽救企业于水火之中。

三、人和

"人和"是指人事和谐、上下团结、人心归一。

股权中"人和"的惨剧很多：

①真功夫蔡达标与潘宇海之争。

②国美电器黄光裕与陈晓之争。

③当当网李国庆与俞渝之争。

④雷士照明吴长江与投资方之争。

第二节 百慕大"内漩涡":技术、艺术、程序

天时、地利、人和的激励方案,为什么也败呢?

原来百慕大除了"外三角"之外,中心还有"内漩涡"。

"内漩涡"就是玄谋失算。玄谋:玄圣之道,深谋,妙计。失算是指预想中的事情发生了意外或没有实现,不在自己的预算之内。

本以为天时、地利、人和具备了,哪知深陷"漩涡"之中。

如图8-2所示,失算主要在三个地方:

①技术性遗漏。

②艺术性缺乏。

③序性不当。

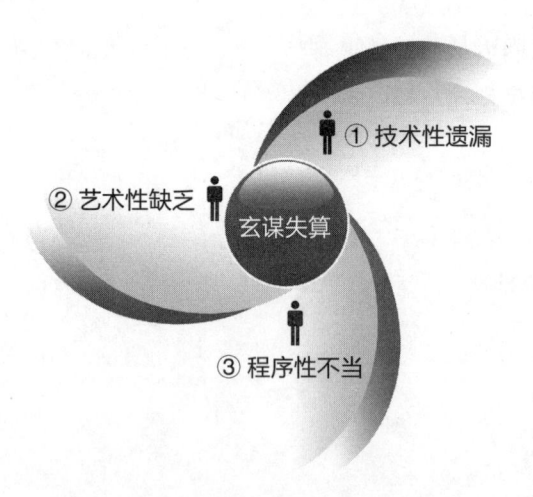

图8-2 股权激励玄谋失算的"内漩涡"

第九章

股权激励的技术性

我们认为，一套完整的股权激励方案主要包含九大部分，分别是定类（激励模式）、定人（激励对象）、定量（授予额度）、定价（授予价格）、定时（时期安排）、定源（股份来源）、定规（约束条件）、定式（持有方式）、定退（退出机制），我们又称为"九定模型""技术模型"，如图9-1所示。

股权激励的技术性就是要把这九个方面逐一设计完备，九个方面缺一不可，缺乏任何一个，都构成了"技术性遗漏"。

① 定类——激励模式
② 定人——激励对象
③ 定量——授予额度
④ 定价——授予价格
⑤ 定时——时期安排
⑥ 定源——股份来源
⑦ 定规——约束条件
⑧ 定式——持有方式
⑨ 定退——退出机制

图9-1 股权激励的技术模型

定类（激励模式）是基石，具体内容详见第四章"动态激励模式"。

定人（激励对象）容易出现纠纷和负激励，具体内容详见第五章"动态激励对象"。定量分为总量和个量，总量是整个"激励池"，个量是分到每位激励对象，分配工具。

详见第五章"动态激励对象"第二节，分配办法详见第六章"动态激励额度"。

定规（约束条件）与激励配套，高激励对应高约束，具体内容见第六章"动态激励额度"。

第一节 定授予价格

一、上市公司激励股票的定价

上市公司股权激励计划主要包括股票期权和限制性股票。对于这两种股权激励计划的定价，《上市公司股权激励管理办法》有明确的规定。

第二十三条 上市公司在授予激励对象限制性股票时，应当确定授予价格或授予价格的确定方法。授予价格不得低于股票票面金额，且原则上不得低于下列价格较高者：

（一）股权激励计划草案公布前1个交易日的公司股票交易均价的50%。

（二）股权激励计划草案公布前20个交易日、60个交易日或者120个交易日的公司股票交易均价之一的50%。

上市公司采用其他方法确定限制性股票授予价格的，应当在股权激励计划中对定价依据及定价方式做出说明。

第二十九条 上市公司在授予激励对象股票期权时，应当确定行权价格或者行权价格的确定方法。行权价格不得低于股票票面金额，且原则上不得低于下列价格较高者：

（一）股权激励计划草案公布前1个交易日的公司股票交易均价。

（二）股权激励计划草案公布前20个交易日、60个交易日或者120个交易日的公司股票交易均价之一。

上市公司采用其他方法确定行权价格的，应当在股权激励计划中对定价依据及定价方式做出说明。

二、非上市公司激励股权的定价"六法"

非上市公司股权的定价是一个既简单又复杂的问题。简单在于没有法律法规的强制性规定，股东怎么定都不会有大问题；复杂在于没有可参照的依据，定多少合适完全需要股东衡量。定价不仅涉及员工获授激励股份后的收益问题，还涉及激励对象的纳税负担问题。其中的一个核心问题是，激励股权的定价与企业股权的公平市场价格之间的关系。从实践来看，非上市公司股权的公允价格是比较难确定的，除非公司近期有融资或增资而形成公允价格。从税收法规来看，我国税务法律法规并没有规定股权激励的定价与公允价格之间的关系，更没有强制规定不得低于公允价格。

《财政部、国家税务总局关于完善股权激励和技术入股有关所得税政策的通知》（财税〔2016〕101号）涉及非上市公司股权激励问题，但是也没有明确的定价规定，仅仅提到"本通知所称股票（权）期权是指公司给予激励对象在一定期限内以事先约定的价格购买本公司股票（权）的权利；所称限制性股票是指公司按照预先确定的条件授予激励对象一定数量的本公司股权，激励对象只有工作年限或业绩目标符合股权激励计划的规定条件才可以处置该股权；所称股权奖励是指企业无偿授予激励对象一定份额的股权或一定数量的股份"。

为贯彻落实《财政部、国家税务总局关于完善股权激励和技术入股有关所得税政策的通知》（财税〔2016〕101号），《国家税务总局关于股权激励和技术入股所得税征管问题的公告》（国税公告〔2016〕62号）针对非上市公司的递延纳税提到了"非上市公司股票（权）的公平市场价格，依次按照净资产法、类比法和其他合理方法确定。净资产法按照取得股票（权）的上年末净资产确定"。这也不是对非上市公司股权激励定价的强制性规定。

既然法律法规并无强制性规定，那么非上市公司既可以选择授予日的市场价格，也可以选择该市场价格的折扣价格，还可以选择按照事先设定的计算方法约定的价格。在实践中，我们总结出事先设定的计算方法通常有"注册资本法""净资产定价法""内在价值法""并购价值折扣法""并购价值折扣法"和"混合定价法"6种办法，如图9-2所示。

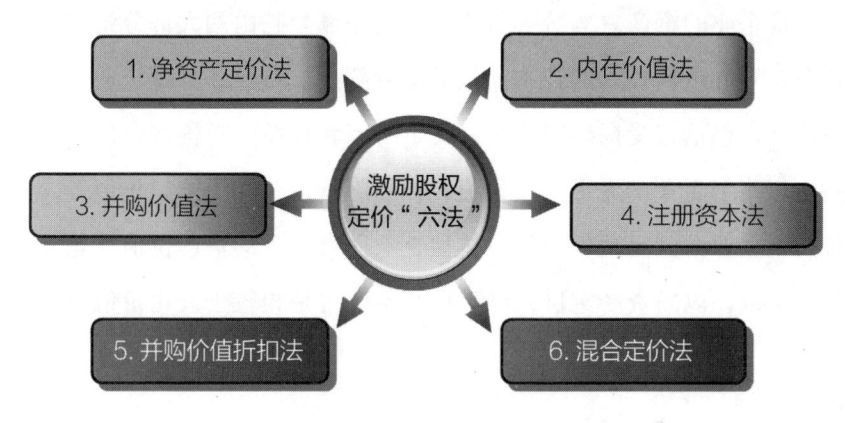

图9-2　非上市公司激励股权定价"六法"

（一）注册资本法

注册资本为公司在登记机关登记的全体股东认缴的出资额，股东不论是以货币出资，还是用实物、知识产权、土地使用权等可以用货币估价并可以依法转让的非货币财产作价出资，都以货币计价。所谓注册资本法，就是以注册资本作为股本总额，其中每股的价格相当于购买1元公司注册资本所支付的对价。注册资本法的定价就是每股为1元。比如A公司注册资本为5000万元，就假定A公司为5000万股，每股的价格为1元。有限责任公司的股东以其认缴的出资额为限对公司承担责任；股份有限公司的股东以其认购的股份为限对公司承担责任。绝大多数非上市公司都是有限责任公司，对于有限责任公司而言，股本多少完全可与股东和激励对象商定，通常将每元注册资本当作1股，也可以将每元注册资本当作10股，或者其他数额。

（二）净资产定价法

净资产定价法，是指依据企业的净资产来确定企业的价值。所谓净资产，是指企业的资产总额减去负债以后的净额。它由两大部分组成：一部分是企业开办之初投入的资本，包括溢价部分；另一部分是企业在经营中创造的，也包括接受捐赠的资产，属于所有者权益。净资产定价法的主要缺陷是忽略了企业的无形资产价值，如品牌价值、知识产权价值等。而对于科技型企业尤其是轻资产的科技型企业而言，无形资产价值才是其核心价值。所以，以净资产定价，对激励对象而言是相较于公司价值更低的定价方法。

（三）内在价值法

所谓的内在价值法，就是要看企业实实在在的价值是多少，企业价值等于现有的净资产和未来的获利能力，用公式表示为：

企业价值=净资产+获利能力

如果企业的获利能力很强，内在价值就高。但是对于企业的获利能力，尤其是对于未来获利能力的评估，投资方与员工之间肯定难以达成共识。一般是以现有的获利能力为基础，通过分析企业的竞争力、市场潜力等因素来预估获利能力。假设A企业现有的净资产是1000万元，当年盈利500万元，未来3年净资产不变，但是利润将以30%的比例增长，则第一年的企业价值为1500万元，第二年的企业价值为1650万元，第三年的企业价值为

1845万元。

（四）并购价值法

所谓并购价值，通常是指企业在引入外来投资时，对这家企业的评估价值，或者是股东向企业增资时对企业的评估价值。当然，通常情况下，外部资金进入往往会给企业带来10倍左右的杠杆，即如果企业注册资本是1000万元，当年盈利500万元，可能外部投资会给予5000万元左右的估值，也就是说每股5元。当然，这一估值的高低取决于多种因素，处于核心地位的因素是企业的核心团队和未来获利能力。

当然，如果每股5元是给外部投资人的价格，那么以相同的价值来对股权激励的激励股份定价，激励对象的感受会不好，会认为这不是激励，而是一种融资。当年SP行业的华友世纪就是以这个规则来授予激励股权的，谁曾想华友世纪在美国上市时，二级市场的价格反而低于激励对象的行权价格。也就是说，激励对象不仅没有受到激励，反而亏了行权本钱。在后来的一年中，华友世纪的核心骨干员工大量流失，企业也面临大幅度的业务转型，不得不对没有主动辞职的员工采取解聘的措施。正是在这种情况下，出现了"并购价值折扣法"。

（五）并购价值折扣法

并购价值折扣法，是指在实施股权激励计划的过程中确定激励股份的定价，在并购价值的基础上，给予一定的折扣。操作要点为：第一，在引进投资中对企业价值进行评估，或通过专业机构评估，确定企业的并购价值。假如企业并购价值为2亿元，对应2亿股，则每股定价1元。第二，确定实施内部股权激励时认购或行权价格的优惠幅度。假如优惠幅度为50%，则员工认购或行权的价格为每股0.5元。相对于外部投资者，其实员工已经获得每股0.5元的收益空间。

此方法的运用焦点是企业并购价值的评估。假如企业面临引入外来投资（风险投资或战略投资），则会产生一个令股东和员工均信服的"并购价值"。并购价值折扣法体现了股权激励中的"激励"性质。

（六）混合定价法

混合定价法，就是在上述几种定价方法的基础上，同时运用两种或多种方法进行综合比较后定价。比如某公司的股权激励计划中就规定激励股份的认购价格为每购买1元公司注册资本所支付的对价和每股净资产价格之间的孰高者，这就是混合定价法。

当然，市场上也有很多创始人股东免费赠送激励股份的案例，在这种情况下，激励对象不需要支付任何对价。据报道，中小板公司启明星辰（002439）于2010年6月23日上市前，公司大股东王佳采用免费赠予的方法向核心骨干员工实施股权激励。不过，我们并不鼓励这样操作，因为如果激励对象支付一定的价格，他会更加关注、更加重视激励股份，也更能感受到激励股份的价值。

第二节　定时期安排

一、实施股权激励计划的决策

股权激励计划是一把双刃剑，一方面可能给公司的发展注入强劲的动力，有助于企业吸引人才、留住人才，激发人才的积极性；另一方面如果实施不当，也可能刺痛很多核心骨干员工的心，给企业带来无穷的伤害，造成不可挽回的损失。所以，"定时"首先要考虑要不要实施股权激励计划，其次考虑何时实施股权激励计划。

要不要实施股权激励计划，首要的判断标准是人才在企业发展过程中的作用，是否有必要也有可能通过股权激励来吸引、保留、激励人才，具体包括以下几个方面：

①从行业的角度看，高新技术行业更加依赖人才的作用，更有必要实施股权激励；而对于人才的创造性作用相对较小的传统行业来说，实施股权激励的必要性较小。股票期权等股权激励模式首先是在高新技术行业兴起的，尤其是一些互联网、尖端技术型创业公司。实施股权激励后，一旦企业发展成功，激励对象在市场杠杆的作用下，所持股票的价值将迅速得到提升，股权激励就很有成效。

②从企业发展前景来看，如果企业正处于上升阶段，则有必要实施股权激励；如果企业发展呈"日落西山、朝不保夕"的状态，则实施股权激

励的必要性较小。处于上升阶段的企业往往资金短缺，不可能有充足的资金来支付高工资，实施股权激励可促使核心骨干员工立足长远，一起努力将企业推上新台阶。如果企业获得成功，则核心骨干员工所持股份的价值也会大幅度提升。

③从市场竞争态势来看，如果市场竞争激烈，人才相对短缺，则有必要实施股权激励；如果市场化水平低，甚至处于垄断阶段，则没有必要实施股权激励。

④从企业发展阶段来看，不同阶段需要配合不同的激励手段，股权激励只是一种长期激励手段。除此之外，还有其他的短期、中期激励手段。

总之，对于是否实施股权激励，要从需求出发，需要企业综合衡量，既不要盲目追随，也不要对实施股权激励计划犹豫不决。

二、实施股权激励计划的时间

什么时候实施股权激励计划？我们认为还是要从需求出发，既要考虑员工的需求，也要考虑企业的需求，一切由需求推动。如果没有需求，企业股东也不会或也没有必要付出更多现金或稀释自己的股份去实施股权激励计划。

从企业需求层面看，一般来说，企业实施股权激励计划的目的主要有以下几个：

①贯彻业绩导向的绩效文化。

②把员工利益和企业利益、股东利益捆绑在一起，培育企业长远发展所需要的良好的团队精神。

③通过股权激励吸引优秀人才加盟。

④构建优秀的企业核心经营团队，为企业的长远发展奠定基础。

⑤解决核心员工的后顾之忧。

三、授予、锁定与限售、行权与解除限售、禁售期的选择

一个股权激励计划在实施、授予、行权或解除限售、变更、终止等整个生命周期内，涉及多个时期的选择。对股票期权而言，涉及股票期权的授权日、等待期或锁定期、可行权日、行权安排、禁售期；对限制性股票而言，涉及限制性股票的授予日、限售期、解除限售期、解除限售安排、禁售期。

这里我们主要针对上市公司的上述时期安排来说明，对非上市公司而言相对简单一些，至于股权激励方案的审批程序参见本书第十一章。

（一）授予日

授予日必须为交易日，且不得为下列期间：

①公司定期报告公告前30日内，因特殊原因推迟定期报告公告日期的，自原预约公告日前30日起算，至公告前1日。

②公司业绩预告、业绩快报公告前10日内。

③自可能对公司股票及其衍生品种交易价格产生较大影响的重大事件发生之日或者进入决策程序之日，至依法披露后2个交易日内。

④中国证监会及证券交易所规定的其他时间。

（二）锁定与限售，行权与解除限售

锁定期又称为等待期，是指自股票期权授权日起至股票期权首个可行权日的期间。股票期权在等待期内不得转让、用于担保或偿还债务。锁定期后就进入可行权日。

限售期，是指授予的限制性股票自完成登记之日起至解除限售日的期间。在限售期内，限制性股票不得转让、用于担保或偿还债务。限售期后

就进入解除限售期。

限制性股票授予日与首次解除限售日之间的间隔不得少于12个月。在限制性股票有效期内，上市公司应当规定分期解除限售，每期时限不得少于12个月，各期解除限售的比例不得超过激励对象获授限制性股票总额的50%。

股票期权授权日与获授股票期权首次可行权日之间的间隔不得少于12个月。在股票期权有效期内，上市公司应当规定激励对象分期行权，每期时限不得少于12个月，后一行权期的起算日不得早于前一行权期的届满日。每期可行权的股票期权比例不得超过激励对象获授股票期权总额的50%。

上述解除限售日或行权日与授予日之间，以及每期解除限售日或行权日之间按规定都不得少于12个月，这就意味着多于12个月是可以的。是否要多于12个月应依据企业的实际情况确定，一般多于12个月意味着对激励对象的约束期更长，当然对激励效果也会产生影响，但关键还是要看预期的可能收益有多大。另外，当企业同时实施两个股权激励计划时，比如限制性股票计划和股票期权计划，那么就可以错开解除限售日和行权日，这样既能让激励对象很快感受到股权激励的利益，又能延长股权激励的约束时间。

（三）禁售期

上市公司还对解除限售或行权后的股票设置了禁售期。禁售期，是指对激励对象解除限售或行权后所获股票进行售出限制的时间段，上市公司一般有如下规定：

①激励对象转让其持有公司的股票，应当符合《公司法》《证券法》《交易所股票上市规则》等法律、法规、规章及《公司章程》的有关规定。

②激励对象为公司董事和高级管理人员的，其在任职期间每年转让的股份不得超过其所持有本公司股份总数的25%；在离职后半年内，不得转

让其所持有的本公司股份；激励对象持有的本公司股票在买入后6个月内不得卖出，或者在卖出后6个月内不得重新买入，否则由此所得收益归公司所有，公司董事会将收回其所得收益。

④在激励计划的有效期内，如果《公司法》《证券法》等相关法律、法规、规范性文件和《公司章程》中对公司董事和高级管理人员持有股份转让的有关规定发生了变化，则这部分激励对象转让其所持有的公司股票时应符合修改后的《公司法》《证券法》等相关法律、法规、规范性文件和《公司章程》的规定。

以上规定对上市公司的董事、高管而言是强制性规定。对非上市公司而言，完全可以在股权激励计划管理办法或股权激励计划协议中设置禁售期，对激励对象解除限售或行权后出售所持公司股权进行限制，既可以是对时期的限制，也可以是对出售对象的限制。对禁售期的限制，目的是加强约束，延长激励对象的服务时间；对出售对象的限制，目的是避免因公司股份被外人持有而影响公司以后的商业秘密保护和股份的分散。

四、授予时机的选择

向激励对象授予激励股份，到底是一次性授予好还是分次授予好，一直是很多人争论的一个话题。其实，我们所认为的好或不好都不是绝对的，关键要看需求，一切由需求推动。一次性授予操作简单，但缺乏灵活性；多次授予肯定要复杂一些，但更有灵活性。我们将在第十章"股权激励方案设计的艺术性"中专门详述"刚柔并济，避免产生特权阶层"。

第三节　定股权来源

股份来源是针对实股模式而言的，即针对现股、员工持股计划、股票期权、限制性股票，只有在实股模式下才涉及股份来源问题。虚股模式下的各种股权激励方式，不论是分红权还是增值权，仅仅以股权权益来计量，并不涉及相应的股份问题。当然，在先分钱再转股的模式下，涉及股份来源问题，只是在分钱环节不涉及股份来源，而在转股环节需要明确股份来源问题。

一、上市公司激励股份来源

对于上市公司的激励股份来源，《上市公司股权激励管理办法》第十二条明确规定，拟实行股权激励的上市公司，可以下列方式作为标的股票来源：

①向激励对象发行股份。

②回购本公司股份。

③法律、行政法规允许的其他方式。

由于第二种方式需要消耗上市公司的现金，很少被采用，绝大多数上市公司实施股权激励时都采用第一种方式，即向激励对象定向增发股份。这种方式对股东的股份有稀释作用，但一般稀释比例有限，并且企业可以收到激励对象认购或行权时支付的现金。现金对上市公司而言，可是很宝贵的资源!

2014年6月20日，中国证监会制定并发布《关于上市公司实施员工持股计划试点的指导意见》，在上市公司实施员工持股计划试点。该指导意见规定，实施员工持股计划可以通过以下方式解决股票来源:

①上市公司回购本公司股票。

②从二级市场上购买。

③认购非公开发行的股票。

④股东自愿赠予。

⑤法律、行政法规允许的其他方式。

从实际实施的情况来看，应用最多的还是认购非公开发行股票，并且往往是在配合公司重大资产重组的同时认购公司非公开发行的股票。其次是从二级市场上购买，并且往往是由大股东担保向银行等金融机构借贷解决资金需求问题。

二、非上市公司激励股份来源

非上市公司激励股份的来源主要有以下几种方式:

①大股东让渡。

②增资扩股。

④留激励期权池。

第四节　定持有方式

一、非上市公司的持有方式

非上市公司确定持有方式相对来说比较简单，激励对象与创始人股东往往已建立信任关系，常常以兄弟姐妹相称，大家不会特别关注持有方式，甚至有的股权激励计划也停留在口头承诺上，没有签订协议，企业董事会、股东会以创始人为中心，一切决议由创始人决定。但股权激励毕竟是大事，还须落实在书面上，对于关键因素还是要有明确的界定，其中就包含持有方式。在非上市公司中，常见的持有方式有以下几种：

①直接持有。激励对象获得股份后进行工商变更，在公司章程中，股东列表上显示激励对象的姓名和所持有股份，变成法定股东，拥有股东的完全权益。这是非常正规的方式。

②间接持有。这里所谓的"间接持有"不是由激励对象直接持有企业的股份，激励对象在企业的股东名册中没有显示，而是与其他激励对象一起通过合伙企业或有限责任公司而持有企业的股份。这也就是前文所述的双层股权结构，这种方式可以通过分红权、增值权与表决权的分离而使创始人股东不失去对企业的控制权。目前，设立合伙企业来作为股权激励的持股平台已经是很常见的方式，设立合伙企业的好处是不仅不会降低创始人股东的表决权，而且当出现激励对象变更时操作更简单，只需在合伙企

业内部通过变更合伙协议就可以完成，免除对公司做工商变更等烦琐手续，并且激励对象通过合伙企业间接持有公司的股份不会增加激励对象的税收，丝毫不影响激励对象的收益。在合伙企业法规颁布之前，也有的公司设立有限责任公司间接持有公司的股份，但是设立有限责任公司间接持股有一个重大缺陷，就是在股份退出时，有限责任公司需要先缴纳企业所得税，然后将收益分配给激励对象时，激励对象还要缴纳个人所得税。双层纳税，导致激励对象的收益大打折扣。

③代持方式。激励对象获得的股份由其他人代为持有，在公司和持股平台章程中的股东名册上不显示该激励对象，代持人多数情况下是创始人。在具体实施时，代持人给激励对象写一个书面说明，表明个人名下的多少股份属于激励对象所有。也可能只做出一个口头承诺，但口头承诺往往存在风险，如果企业发展超出大家的意料，几年时间后公司评估价值很高，此时有些创始人股东开始反悔，认为当年承诺的股份太多了，激励对象不应该获得如此高的股份权益。代持的另一个风险是，当企业面临IPO前改制时，代持股份无法以代持的理由直接划转给激励对象，根据被代持人实名制的规定，只能由代持人转让，由于公司此时的公允价值很高，转让会面临高额的税收，从而使代持人和被代持人陷入困境。

如果确因不得已的原因将股权代持的，需要签订代持协议，既保护隐名股东的权利，也让显名股东不因代持行为遭受损失。

《最高人民法院关于适用〈中华人民共和国公司法〉若干问题的规定（三）》（以下简称《公司法司法解释三》或该解释）第二十五条　有限责任公司的实际出资人与名义出资人订立合同，约定由实际出资人出资并享有投资权益，"以名义出资人为名义股东，实际出资人与名义股东对该合同效力发生争议的，如无合同法第五十二条规定的情形，人民法院应当认定该合同有效"。但是，《公司法司法解释三》第二十四条第三款规定："实际出资人未经公司其他股东半数以上同意，请求公司变更股东、签发出资证明书、记载于股东名册、记载于公司章程并办理公司登记机关登记的（以下简称变更登记），人民法院不予支持。"

案例：股权代持引发的官司（最高法民申3132号）

实际出资人（一审原告、二审被上诉人、再审申请人）：王仁岐。实际出资长春市中汇小额贷款有限责任公司（以下简称中汇公司），持有10%股权。

受托人（名义股东，另一法律纠纷的被告、被执行人）：詹志才。

刘爱苹：詹志才因另一法律关系的债权人。

实际出资人与名义股东之间签订有《委托持股协议》。

官司原由：因另一法律关系刘爱苹对詹志才享有的债权，并在强制执行中通过对詹志才的财产进行依法处置，以实现其债权。由此导致名义股东詹志才代实际出资人王仁岐持有的中汇公司10%的股权被查封。

实际出资人因此向法院提出两项诉讼请求：

①请求确认登记在詹志才名下的中汇公司10%股权为王仁岐所有。

②依法停止对上述股权的执行。

基于该两项请求，一审判决已经确认了王仁岐是中汇公司10%股权的实际股东，而二审判决驳回了王仁岐的第二项诉讼请求。

实际出资人王仁岐向最高人民法院申请再审。

本案的争议焦点是王仁岐是否享有排除强制执行的民事权利。

最高法民申3132号裁定书摘选（下划线和字体加重为笔者标注）：

首先，关于《公司法》第三十二条第三款规定的理解与适用问题，该条款规定："公司应当将股东的姓名或者名称向公司登记机关登记；登记事项发生变更的,应当办理变更登记。未经登记或者变更登记的,不得对抗第三人。"**工商登记是对股权情况的公示,与公司交易的善意第三人及登记股东之债权人有权信赖工商机关登记的股权情况并据此做出判断。**本案中,王仁岐与詹志才之间的《委托持股协议》已经一审、二审法院认定真实有效,**但其股权代持协议仅具有内部效力,对于外部第三人而言,股权登记具有公信力,隐名股东对外不具有公示股东的法律地位,不得以内部股权代持协议有效为由对抗外部债权人对显名股东的正当权利。**本院认为,《公司法》第三十二条第三款所称的第三人,并不限缩于与显名股东存在股权交易关系的债权人。**根据商事外观主义原则,有关公示体现出来的权利外观,导致第三人对该权利外观产生信赖,即使真实状况与第三人的信赖不符,只要第三人的信赖合理,第三人的民事法律行为效力即应受到法律的优先保护。**基于上述原则,名义股东的非基于股权处分的债权人亦应属于法律保护的"第三人"范畴。因此,本案中詹志才因其未能清偿到期债务而成为被执行人时,刘爱苹作为债权人依据工商登记中记载的股权归属,有权向人民法院申请对该股权强制执行。

……

综上,王仁岐的再审申请不符合《中华人民共和国民事诉讼法》第二百条第六项之规定,依照《中华人民共和国民事诉讼法》第二百零四条第一款,《最高人民法院关于适用的解释》第三百九十五条第二款之规定,裁定如下:

驳回王仁岐的再审申请。

本案裁定书的核心意见是:依法进行登记的股东具有对外公示效力,隐名股东在公司对外关系上不具有公示股东的法律地位,其不能以其与显名股东之间的约定为由对抗外部债权人对显名股东主张的正当权利。因此,当显名股东因其未能清偿到期债务而成为被执行人时,其债权人依据工商登记中记载的股权归属，有权向人民法院申请对该股权强制执行。

因此，如何规避本案中实际出资人出现本案的类似问题，是委托代偿实务中需要重点关注的问题。

二、上市公司的持有方式

上市公司实施股权激励计划时，激励对象获授股份在认购或行权后会直接持有，成为上市公司真正的股东，不得由人代持。对上市公司激励对象的审查比较严格，为了预防违法违规的情形出现，《上市公司股权激励管理办法》规定，"上市公司应当在召开股东大会前，通过公司网站或者其他途径，在公司内部公示激励对象的姓名和职务，公示期不少于10天。监事会应当对股权激励名单进行审核，充分听取公示意见。上市公司应当在股东大会审议股权激励计划前5日披露监事会对激励名单审核及公示情况的说明"。

股权作为财产权的一种，也可以成为信托财产，上市公司可以通过信托方式来实施股权激励。股权信托，是指委托人将其持有的公司股权转移给受托人，或委托人将其合法所有的资金交给受托人，由受托人以自己的名义，按照委托人的意愿将该资金投资于公司股权。股权信托中，如果受益人为企业的员工或经营者，则称为员工持股信托或经营者持股信托，其实这就类似实施股权激励。通过信托的方式引入第三方，更有公信力，缺点则是委托信托公司需要支付一定的托管费用。

另外，在实际操作过程中应注意，证监会原有备忘录和《上市公司股权激励管理办法》中都规定监事不得成为激励对象，原因在于监事应该对上市公司经营层、董事会是否遵守上市公司法律法规起到监督作用，并对上市公司实施股权激励计划的各环节实施监督审查，所以不得成为激励对象。

第五节 定退出机制

一、上市后通过二级市场退出

上市，几乎是所有创业型公司的梦想，这个梦想属于创始人，也属于股权激励计划中的激励对象。他们一起在企业这个平台上努力，一朝上市，至少实现了第一阶段的功成名就。上市后由于市盈率这一市场杠杆的作用，发起人股东的身价得到几十倍的升值，所以IPO是最佳的退出机制。

但是，并非企业一上市就可以退出股权激励。《公司法》明文规定："公司公开发行的股份前已发行的股份，自公司股票在证券交易所上市交易之日起1年内不得转让。"上交所规定："发行人向本所申请其首次公开发行股票上市时，控股股东和实际控制人应当承诺：自发行人股票上市之日起36个月内，不转让或者委托他人管理其直接和间接持有的发行人首次公开发行股票前已发行的股份，也不由发行人回购该部分股份。"

深交所也明文规定："发行人向本所提出其首次公开发行的股票上市申请时，控股股东和实际控制人应当承诺：自发行人股票上市之日起36个月内，不转让或者委托他人管理其直接或间接持有的发行人公开发行股票前已发行的股份，也不由发行人回购其直接或间接持有的发行人公开发行股票前已发行的股份。发行人应当在上市公告书中公告上述承诺。自发行人股票上市之日起1年后，出现下列情形之一的，经控股股东或实际控制人申请并经本所同意，可豁免遵守上述承诺：①转让双方存在实际控制关系，或均受同一控制人所控制；②因上市公司陷入危机或者面临严重财务困难，受让人提出的挽救公司的重组方案获得该公司股东大会审议通过和有关部门批准，且受让人承诺继续遵守上述承诺；③本所认定的其他情形。"但是，发起人股东为了向公司及全体小股东表明承担责任的决心，目前几乎所有的拟上市公司的发起人股东（不仅仅是交易所规定的控股股东和实际控制人）都在招股说明书中主动承诺限售期为36个月。

二、被并购或融资时以收购或融资价格退出

企业要上市并不容易，天时、地利、人和不可缺少。所以，通过上市退出是小概率事件。目前，有不少"独角兽"类的公司，曾实施很大规模的股权激励，至今仍在上市途中。公共出行行业的国际巨头Uber成立于2009年，自成立之日起，一直是资本追逐的对象。据报道，这家创业公司巨头已经完成超过170亿美元的融资，估值近700亿美元，但至今还没有列出上市时间表。据媒体报道，Uber2013年、2014年、2015年和2016年的增长率分别为537%、332%、280%和194%。与此同时，同样惊人的是Uber的亏损额。国外媒体报道了Uber允许符合条件的员工通过公司回购兑现员工激励股权的做法。回购完成后，公司可以在后续融资中以更高的价格向投资人出售股份。也有的公司在融资的同时会帮助一些员工出售手中部分股票。前者所得融资款进入公司账户，而后者所得款项会进入员工的腰包。滴滴与快的合并后，作为国内公共出行市场中唯一的一家"巨无霸"，在国内市场上已没有强劲的竞争对手，市场份额很高，上市一定是其迫切的、坚定的目标。

三、通过上市母公司平台退出

通过上市母公司平台退出，是指在上市公司控股子公司实施股权激励计划时，激励对象认购或行权后获得的股份，可以由激励对象所在公司的大股东即上市公司回购，从而实现退出。这种退出方式有得天独厚的便捷性，借助上市公司的平台，退出价格相对较高，并且对上市公司而言，增持子公司的股份对上市公司在二级市场的股票价格也可能产生利好。相对于上市公司几十倍甚至上百倍的市盈率而言，回购激励对象股份的价格可能比较高，从而实现激励对象和上市公司的双赢。

案例：通过上市母公司而退出

UNI科技（北京）有限公司（以下简称"公司"或"UNI"）是某上市公司的子公司，上市公司确定UNI今后不会IPO，也不会股权融资。为了留住人才并吸引人才，在上市公司不具备实施股权激励的情况下，不得已在UNI实施股权激励。由于UNI不会股权融资，上市公司确定，UNI的激励股权通过上市公司回购来实现退出。以下为股权激励方案文件节选：

退出机制与发起人股东承诺

（1）在本计划有效期内，激励对象通过行权取得的公司股权，无论在什么情况下转让，在同等条件下，发起人股东享有第一优先受让权，且其他转让对象只能是公司股权认购权激励范围之内的公司正式员工。

（2）发起人股东承诺，在国家法律法规允许且满足股东（含激励对象）价值最大化的情况下，努力创造各种机会，确定本激励对象已认购股权的退出机制。

（3）针对激励对象已认购股权，如果没有其他更优的退出方式，公司发起人股东承诺按持股比例同比例进行购买；如果其他股东没有意愿按持股比例同比例购买，发起人股东全部购买。

（4）每股的购买价格参照当时的市场价格，也可参照信息技术行业和电子行业企业市场估值水平合理确定。若上市公司购买股权，应严格履行相应的批准程序。

（5）若本激励对象向发起人股东转让已认购股权，应同时符合如下条件：……

⑥向发起人股东提出回购申请时，激励对象仍在UNI任职。

⑦向发起人股东提出回购申请的频率，每年集中进行，且每年仅限一次。

⑧向发起人股东提出回购申请的数量，每次不超过激励对象被授予股权认购权总额的1/3。

其他：

（1）公司发生下列情况之一的，经公司股东会通过，可暂停或终止本计划：

①因经营亏损导致破产或解散的。

②出现重大违法、违规行为。

③公司发展过程中发生重大事件，有必要终止该计划。

④由于不可抗力导致无法按约定实施本计划或完全丧失激励价值。

（2）公司实施股权认购权计划发生的各种管理费用由公司承担。

（3）股权认购权计划的参与人取得收益时应根据国家税务法律的有关规定纳税。

（4）本计划有效期为10年，自首期股权认购权授予之日起计算。

（5）本计划由公司董事会提出并报送股东会审批通过后生效。

四、非正常退出

非正常退出的情形主要包括：违反禁止行为而退出；离职（辞职或被辞退或不续聘）而退出；因正常病休、退休、公司内部调动而退出。

在定规环节，我们已经谈到退出的方式，激励对象从事有损公司利益的禁止行为的，公司与其签订的股权激励协议自动失效，其尚未获得授予的股权认购权不再授予；其已被授予的股权认购权全部失效；其已经通过行权获得的股权应予以全部转让。公司可以通过法律途径追索其造成的经济损失，并取消该员工享受后续股权激励的权利。

激励对象在服务期离职的，其尚未获得授予的股权不再授予；其已被授予但未行权的股权全部失效；其已经通过行权（含出资）而获得的股权，应予以全部转让。

激励对象正常病休、退休或因公司需要而调动的，其尚未获得授予的股权不再授予；其已被授予但未行权的股权全部失效；其已经通过行权（含出资）获得的股权，可以视同在职激励对象有退出机会时实现退出。

做出有损公司利益行为或在服务期内离职而退出的，其已经行权或认购的股份全部转让，转让的价格为该激励对象原认购或行权的出资额，如果公司亏损，可以设定出资额按照一定的折扣退出；对正常病休、退休或因公司需要而调动的，如果本人希望提前退出，可以按照激励对象原认购股权的出资额+银行同期存款/贷款基准利率，或者按每股净资产价格，或者按一定的溢价，或者按外部资金进入的每股估价，或给予一定的折价实现退出。

以上退出规定和转让定价应该在股权激励管理办法和股权激励授予协议中写明。还可以写明，"激励对象不配合办理转让手续的，公司和合伙企业有权冻结其股东权利，包括但不限于分红权、表决权、股东知情权等"。

第十章

股权激励的艺术性

我们认为，股权激励不仅仅是"以利相交"，也不仅仅是"以权相交"，更重要的是"以心相交"，要从激励对象内心深度产生触动，从而形成激励作用，不能从内心产生触动的股权激励，不论实现的收益如何，是没有达到激励的基础目的。没有激励，只有收益，那就是一种福利。股权激励五大艺术性如图10-1所示。

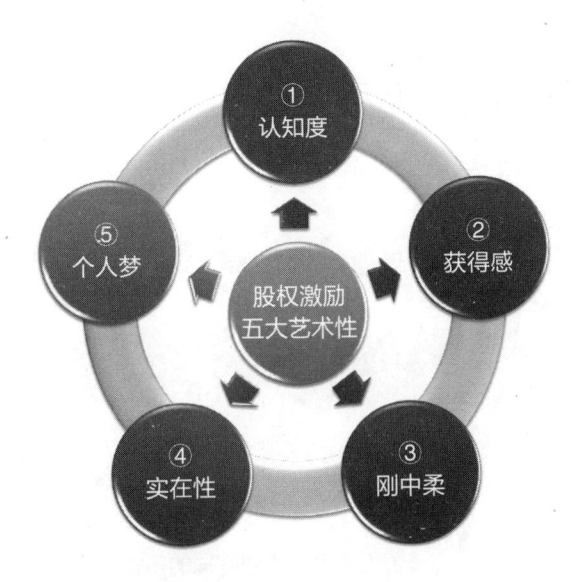

图10-1 股权激励五大艺术性

第一节 激励对象的"认知度"决定他是否把股权激励当回事儿

一、神奇的认知——认知不是事实

神奇的认知（认知并非实事）
- ⑤认知一旦形成就很难改变
- ④认知是行为的基础，引导了认知才引导行为
- ③同一个人对不同的事物会形成不同的认知
- ②不同的人对同样的事物会形成不同的认知
- ①基于看到和听到的信息而形成

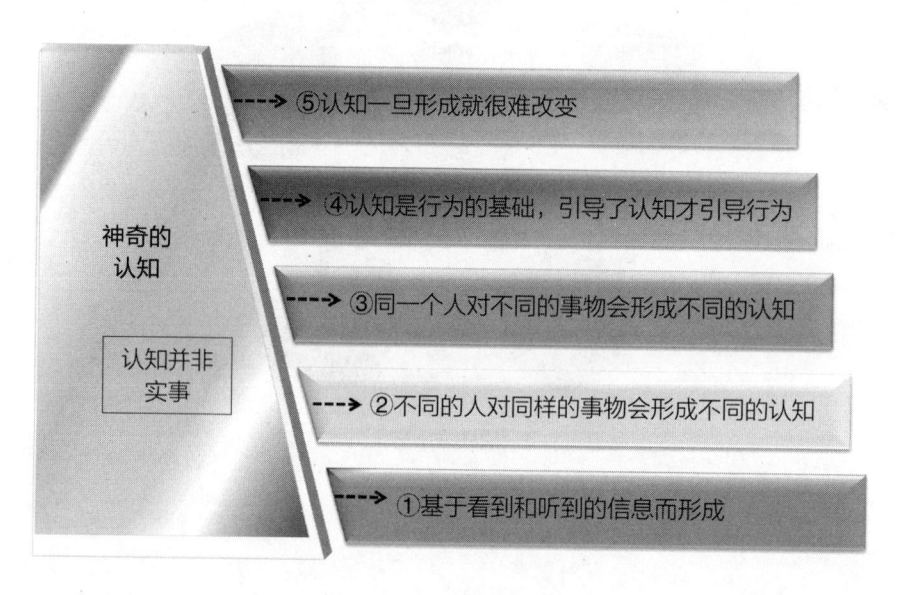

图10-2 神奇的认知

认知，是一个心理学概念，但它时时刻刻都存在我们的现实生活中。

认知，是指通过心理活动（如概念、知觉、判断或想象）获取的知识。习惯上将认知与情感、意志相对应。认知是个体认识客观世界的信息加工

活动，感觉、知觉、记忆、想象、思维等认知活动按照一定的关系组成一定的功能系统，从而实现对个体认知活动的调节作用。认知也称为认识，是指人认识外界事物的过程，或者说是对作用于人的感觉器官的外界事物进行信息加工的过程，它包括感觉、知觉、记忆、思维等心理现象。

我们平时常说的"感觉"是一个简单的心理现象，是人脑对直接作用于感受器的客观事物的个别属性的反映。客观事物有着各不相同的颜色、声音、味道、气味、温度等属性，当客观事物直接作用于感受器时，各种感受器能够区别适宜的刺激，从而使大脑产生对这些事物个别属性的反映，这种反映就是感觉。通过感觉，我们获得了关于事物的颜色、声音、味道、气味、冷热、粗糙、光滑等感觉信息。人类有8种感觉，它们分别是视觉、听觉、味觉、嗅觉、肤觉、运动觉（肌肉收缩，身体各部分位置变化）、平衡觉、机体觉（内脏器官活动变化时的物理化学刺激，如疲劳、饥、渴等）。

当您第一次吃葡萄时，尝出味道是酸的，这就是感觉！当您尝过很多次后，每次都感觉味道是酸的，那么您就形成了对葡萄的认知，即葡萄是酸的！

知觉同感觉一样，也是人脑对直接作用于感受器的客观事物的反映，但不是对事物个别属性的反映，而是对事物整体的反映。比如给您一盒葡萄，您能感觉到葡萄的颜色、大小、形状、味道等个别属性，而通过这些个别属性，您能从整体上感觉到这是一盒玫瑰香葡萄，后者就是知觉。

认知有以下几个基本特征。

①每个人的认知是基于看到和听到的信息形成的。

②不同的人对同样的事物会形成不同的认知。

③同一个人对不同的事物会形成不同的认知。

④认知是行为的基础，引导认知，才可能引导行为。

⑤认知一旦形成就很难改变。

认知并不一定是事实，认知的差异性决定了认知并非"实事求是"，所以才会有所谓的"情人眼里出西施"！

针对股权激励而言，不同的激励对象对同一个股权激励方案也会产生不同的认知。如果激励对象对激励方案没有正面的认知，再好的股权激励方案也不可能产生应有的激励作用，更不会产生激励效果。所以，在股权激励方案设计、实施过程中，常常会听到老板无奈地感叹："我本想为员工办件好事，哪想到员工根本不当回事儿！"

这正是很多技术先进、设计周全的股权激励方案最终失败的根源！

要想让员工把股权激励当回事儿，积极引导他对股权激励的认知才是正道！

二、"认知为王"的管理智慧

这是一个"认知为王"的时代，商业行为更是如此。人们的消费行为主要是由人们的认知左右的。眼球经济、体验经济、NBA实际上变成了娱乐产业等，都是认知在商业领域的应用或体现。

在管理领域，尤其是在人力资源管理领域，认知原理也能大显身手。有人甚至提出，对人才的管理，其核心就是管理人才的认知！

引导认知，就要指向他心中的"赢"，也就是他的期望、他的关注、他的梦想。如果您不了解、不能清晰认识员工心中的"赢"，您就不会成为一位优秀的管理者！如果有下属表现得一无所求，而您也认为他一无所求，那是危险的，只能说明您还不了解他。《潜伏》中的主人公翠萍是一位地下党员、游击队队长，同时是一位没有上过学的人。促使她走上革命道路并成为一位出色革命者的根源是她"认知"了"打土豪，分田地"的革命口号。

但是，要想更好地引导认知，仅仅指向心中的"赢"还不够，还要"超越期望一点点"。1的N次方=1；1.0000001的N次方=∞；0.9999999的N次方=0。

所以，我们认为管理的高境界，不是High-Tech（高科技），不是High Return（高回报），而是High Feeling（高感受）。

High Feeling（高感受）包括以下5个层次：

第一层次，给他需要的；

第二层次，给他想要的；

第三层次，给他的是他满意但不适应的；

第四层次，给他的是让他震惊的；

第五层次，给他的是让他"崩溃"的。

如果您的股权激励方案注重如何让技术更完善，说明您对股权激励的认识还停留在High-Tech（高科技）这个层次上。

如果您的股权激励方案注重如何让激励对象获得高收益，说明您对股权激励的认识还停留在High Return（高回报）这个层次上。

技术与艺术共舞的股权激励方案，就是要让激励对象有High Feeling（高感受），通过High Feeling去激发他们的斗志、发掘他们的潜能，从而实现实施股权激励的目标，达成激励对象、企业、股东三赢的局面。

技术与艺术共舞的股权激励方案，就是要给激励对象需要的、想要的、不适应的、震惊的、感到"崩溃"的，不完全是收益，还包括感觉！

在股权激励这件事上，您无法与员工的认知争辩！

案例：如何提高认知度

我们来看这样一个股权激励案例。

1.公司的基本情况

①B公司是一家研发柔性屏幕的高科技创业公司。柔性屏幕又称为OLED。柔性屏幕不仅重大利好于新一代高端智能手机的制造，也因其低功

耗、可弯曲的特性为可穿戴式设备的应用带来深远的影响，未来柔性屏幕将随着个人智能终端的不断渗透而得到广泛应用。相较于传统屏幕，柔性屏幕优势明显，不仅在体积上更加轻薄，功耗上也低于原有器件，有助于提升设备的续航能力。同时，基于其可弯曲、柔韧性佳的特性，其耐用程度也大大高于以往的屏幕，能有效降低设备意外损伤的概率。配备柔性显示屏的智能手机曾被称为手机行业的"下一件大事"。柔性屏幕将彻底颠覆现有屏幕产业！

②目前，针对这项前沿科技产品的研发，世界上该领域的研发人员稀少，国内该领域的高端研发人才几乎稀缺。

③这项产品的研发成本高昂，目前B公司已经试生产出样品。经检测，被评价为国际一流水平。

④B公司目前在大量"烧钱"，亏损严重。同时，很多风险投资机构都在排队等待，渴望能够参与投资。

2. B公司实施股权激励的"九定模型"

B公司正是典型的适合采用股票期权模式的公司，目前处于已经成功试生产的阶段，其股权激励方案应该是极具吸引力的。

①定式。股票期权。

②定人。公司中级及以上职级的研发人员、中层及以上的管理人员、主管及以上的生产技术人员，共计58人。

③定量。相当于目前总股本的10%。

④定价。2元/股。

⑤定时。授予后行权等待期为2年。等待期满后，分3年行权，每年行权比例分别为30%、30%、40%。

⑥定源。激励对象的激励股份源于增资扩股。

⑦定规。

关于业绩考核。实际可行权数量与年度所在部门绩效、个人绩效挂钩，综合业绩85分及以上者，全额行权；综合业绩70～84分者，行权70%；综合业绩70分（不含）以下者，不得行权，已授予且当年可行权的激励股份取消。

关于禁止行为。触犯法律、违反职业道德、泄露公司机密、因失职或渎职等行为损害公司利益或声誉者，已授予而未行权的激励股份取消；已行权的，由公司以原行权价回购而进入"激励池"。

关于离职。离职者，已授予而未行权的激励股份取消；已行权的，由公司以原行权价加同期银行存款基准利率回购而进入"激励池"。

正常病休、退休。已授予而未行权的激励股份取消，已行权的激励对象可以保留。

⑧定式。公司设立合伙企业代持所有激励对象的激励股份，合伙企业的执行事务合伙人由公司实际控制人担任，且其他合伙人所持股份的投票权永久授予执行事务合伙人行使。

⑨定退出机制。公司IPO或被收购时才能退出。

3.对B公司股权激励方案的评价

①激励力度很大。

②虽然规则很严格，但从数量、价格等方面看，创始人股东是很慷慨的、很有胸怀的。

但出乎创始人意料的是，股权激励方案推出后，由于宣传不够，加之曾接触股权激励的员工很少，缺乏对股权激励的正确认知，导致员工的质疑声很大。他们主要质疑的是：公司前途未卜，公司负债很多，激励对象还要缴纳1元/股，持股后不仅没有溢价，还要与创始人股东分摊债务。有很多激励对象甚至直接表明不接受股票期权的授予。无奈之下，股权激励方案暂停。创始人股东感叹："本来想为员工办件好事，分享企业的经营成果，哪知好心被当作驴肝肺！"

股权激励方案暂停后，公司进行A轮融资，公司估值150亿元，相当于每股35元，融资15亿，公司还清6亿元的债务后还结余9亿元作为流动资金。

这时，A轮投资人要求设置期权池，原来的那些激励对象也强烈要求公司授予期权。

同样是该公司的股权，投资机构和原来的激励对象对公司股权价值的认知存在天壤之别。投资机构看到的是公司的光明前景，而员工看到的是公司目前的负债。正是因为员工缺乏远见的认知，导致他们前期抵制前途大好的股权激励方案。

员工毕竟是员工，从客观上来讲，股权激励离他们很远，他们中的大多数，可能从未接触过，俗话说"隔行如隔山"。从主管的角度来讲，以他们的见识和眼光也无法提出更高的要求，当公司实施股权激励时，公司负责人要在方案形成后加强宣传，让员工充分了解股权激励的内容，理解公司实施股权激励的目的，并详细分析在公司不同的经营业绩下的股权收益，且详述公司未来的发展路径。如此，才能让激励对象理解股权激励对他们的好处，以及可能带来的收益，从而激发员工的积极性，把股权激励的作用充分发挥出来。既让员工在未来获得可观的收益，也能充分调动员工的主动性和积极性，大家撸起袖子加油干，推动公司的业绩迈上新台阶。

第二节　激励对象的"获得感"决定他能否感受到激励

"获得感"表示获取某种利益后所产生的满足感。

对于股权激励而言，在激励对象认知到股权激励是值得拥有的前提下，还可以看看激励对象能否产生获得感。

股权激励的获得感首先在于激励对象如果兢兢业业、全身心投入并且达成业绩目标，他所获得的激励股份价值能否带来物质生活水平的大幅度提高？能否还清房贷？能否对父母尽孝、对妻儿尽责？能否解决自己的后顾之忧？即使不能全部解决，能否部分解决这些个人需求？其次，能否体现对自身价值的认可？能否让自己产生梦想？能否让自己成为公司的一分子？能否让自己更有尊严、更体面、更有事业心？

前者属于物质层面，后者属于精神层面，两个层面都不可缺少！

同样都是黄金，但金块和金粉是不一样的。拥有者可能会珍藏金块，而对于手中的金粉，由于无法判断其与金块的重量是否一样，也许心里感觉很少而不加珍惜。激励对象如果把"金块"当作"泥巴"，只能说明我们没有充分引导激励对象的认知，没有让激励对象产生正向的心理认知、没有产生获得感。

影响股权激励获得感的因素主要有以下两个：

①激励股份的数量。激励对象往往会下意识地衡量自身在公司的价值，然后估计自己可能获得的激励股份的数量。如果激励对象不是公司的最高经营决策者，往往更关注绝对数量；如果公司规模比较大，一般也会更关

注绝对数量。

②激励股份的行权价格。激励对象往往会下意识地衡量公司股份的价值，如果实际的行权价格高于自己的预期，则获得感会降低；如果实际的行权价格低于自己的预期，则获得感会提升。另外，如果公司的股份价格有个参照值，当实际行权价格高于参照值时，获得感会降低；当实际行权价格低于参照值时，获得感会提升。

在既定的条件下，要提升激励对象的获得感，是要运用智慧的！

案例：如何提升获得感

在前文的案例中，对于同样的股权激励方案，之所以开始没有激励对象愿意接受，主要原因在于价值判断。在A轮融资前，B公司是负债经营的，每股债务大约为1.2元，而员工还要花1元/股去认购激励股份。在这种情况下，员工认为认购1股就亏了2.2元，买10万股就亏了22万元。在这种认知下，员工没有获得感，所以他们不愿意接受。相反，当投资机构以35元/股的价格进入时，激励对象不再认为公司每股负债1.2元，而是相信投资机构比自己更有眼光，认为公司每股的价值就是35元，这样自己以1元/股的价格进入，买1股就会产生隐性（潜在）利润34元，买10万股就会产生隐性（潜在）利润340万元。在这种情况下，员工的认知发生了变化，他们的获得感大大提升，会强烈希望获得股票期权。

在这个案例中，公司亏损及行权价格影响了激励对象的获得感。

在下面的案例中，我们来看看激励股份的数量是怎样影响激励对象的获得感的。

案例：获得感有时可能是个错觉

湖北崇机锻压机床有限公司（以下简称"崇机锻压"）是一家民营机械制造公司，专门生产剪板机、折弯机，创始人为夫妇两人，经过多年不辞辛劳的积累，目前已经小有规模并且在市场上塑造了良好形象。公司经营稳健，在宏观经济环境不佳的情况下，公司经营也未见恶化。2015年，一家规模数倍于崇机锻压的公司由于经营不善，负债过大而停产整治，并面临破产。该公司几位核心技术和业务人员希望加盟崇机锻压，但是要求以合伙人身份加入，投入一定的资金，获得相应的股份。

崇机锻压当时有净资产3800万元，公司创始人将公司股本虚拟为3800股，每股10000元，同时拿出10%的股份合计380股转让给拟加盟的人员，分配情况如表10-1所示。

表10-1 崇机锻压合伙人加盟原有方案

合伙人姓名	认购股份数量/股	每股价格/元/股	需投入资金/万元
A	190	10000	190
B	95	10000	95
C	42.5	10000	42.5
D	42.5	10000	42.5
合计	380		380

双方谈妥各自的股份数量、价格，并约定了缴纳资金、更改章程的安排。但没想到的，谈好的第二天，拟加盟的四位合伙人不约而同地告诉崇机锻压的创始人，自己家人不同意缴纳那么多钱而仅仅认购那一点点股份。

我们了解这件事后，即认识到拟加盟合伙人和他们的家人对这个持股方案没有产生获得感，于是将崇机锻压的现股激励方案略作调整。崇机锻压净资产还是3800万元，我们说服创始人将公司股本虚拟为3.8亿股，每股价格为0.1元，同时拿出10%的股份合计3800万股转让给拟加盟的人员，分配情况变更见表10-2。

表10-2 崇机锻压合伙人加盟调整后方案

合伙人姓名	认购股份数量/万股	每股价格/元/股	需投入资金/万元
A	1900	0.1	190
B	950	0.1	95
C	425	0.1	42.5
D	425	0.1	42.5
合计	3800		380

最后，双方顺利地执行了这个方案！

获得感就是这么神奇，其实上述两个方案中四位拟加盟合伙人所获得的股份占比、价值及投资的资金都没有变化，但是两个方案所带来的获得感，也就是心理感受是有很大区别的。激励股份的绝对数量影响了激励对象的获得感！在执行一项股权激励计划过程中，可能还有其他因素也会影响激励对象产生获得感，我们要时刻敏锐地感受激励对象的心理感受，要让激励对象产生正向的认知，同时产生强烈的获得感，这些都是保证股权激励计划成功实施的必要因素。

第三节 激励方案的"刚柔并济"避免产生特权阶层

"刚柔并济"源于道家哲学，意思是刚强的和柔和的互相补充，以达到恰到好处的效果。现在很多人都在追求刚柔并济的行事风格，股权激励是否也可以呢？是否也有必要呢？

一、股权激励方案的"刚"

股权激励方案中的"刚"主要表现在如下几个方面：

（一）遵守法律法规不容置疑

实施股权激励涉及较为复杂的法律法规，这些法律法规是刚性的，遵守它们是不容置疑的，对上市公司而言更是如此，正所谓"红线不能碰、底线不能破"。比较常见的触犯或忽视刚性规定的情况有以下几种：

①关于纳税。激励对象通过股权激励获得的收益视同"工资、薪金"项目，符合条件的非上市公司股权激励收益按照"财产转让所得"项目需要缴纳个人所得税。这在我国相关法律、法规、规范及司法解释中有具体、明确的规定，不按照规定纳税，就可能构成偷税、漏税，甚至逃税的嫌疑。另外，针对股权激励对象的纳税，公司是代扣代缴义务人，有代扣代缴的义务。不管激励对象是不知道需要缴纳还是知情而不愿缴纳，只要公司没有尽到提醒、核算并代扣代缴的义务，则激励对象个人和公司都触犯了相

关的税收法律法规。

②关于股份支付。常见的现象是，上市公司有意规避而尽可能少计算；非上市公司不管知情与否，尽可能不算。依据《企业会计准则第11号——股份支付》的规定，股份支付，是指企业为获取职工和其他方提供服务而授予权益工具或者承担以权益工具为基础确定的负债交易。

③关于对小股东利益的保护。股权激励往往是由公司大股东或实际控制人牵头发动的，在这个过程中，小股东可能不知情，也可能知情但无法施加影响，处于弱势地位。股权激励方案规定要经过董事会审议后报送股东大会批准，就是要以信息公开的方式来保护小股东的知情权及其他权益。对上市公司而言，更是要求董事会审议、股东大会批准、董事会经授权授予以及激励股份登记等各个阶段，必须公告相关的议案。

④不容利益输送。这主要是针对上市公司而言的，上市公司实施股权激励必须严格执行《上市公司股权激励管理办法》的规定。尤其是其中关于总量累计不得超过总股本的10%。此外，除非股东大会特别批准，个量累计不得超过总股本的1%。此外，行权价格的明确确定，对业绩条件的科学性和合理性的要求，窗口期的规定以及信息披露的明确要求等，都有防止上市公司进行利益输送的目的。

（二）选择激励对象的标准要具有刚性，避免二义性

确定激励对象的选择标准是一个棘手的问题，往往有一些人处于进入或不进入的边缘，如果激励对象的选择不具有刚性，不仅会给操作带来困难，还容易导致矛盾。

刚性的标准不可能绝对公平，尤其是对处于边缘地带的人员，但是刚性的标准会杜绝质疑。

《上市公司股权激励管理办法》对激励对象的刚性有如下规定：

①激励对象可以包括上市公司的董事、高级管理人员、核心技术人员

或者核心业务人员，以及公司认为应当激励的对公司经营业绩和未来发展有直接影响的其他员工。

②在境内工作的外籍员工任职上市公司董事、高级管理人员、核心技术人员或者核心业务人员的，可以成为激励对象。

③独立董事和监事不得成为激励对象。

④单独或合计持有上市公司5%以上股份的股东或实际控制人及其配偶、父母、子女，不得成为激励对象。

⑤最近12个月内被证券交易所认定为不适当的人选不得成为激励对象。

⑥最近12个月内被中国证监会及其派出机构认定为不适当的人选不得成为激励对象。

⑦最近12个月内因重大违法违规行为被中国证监会及其派出机构行政处罚或者采取市场禁入措施的人选不得成为激励对象。

⑧具有《公司法》规定的不得担任公司董事、高级管理人员情形的人选不得成为激励对象。

除此之外，上市公司的其他人员及非上市公司的激励对象划分标准都由企业自主裁量。比如公司针对激励对象规定的如下标准就是一些刚性标准：

①退休返聘人选不得成为激励对象。
②入职不满2年的人选不得成为激励对象。
③公司创始人股东不得成为激励对象。
④被公司收购的标的公司的原股东不得成为激励对象。

我们也可以依据第5章"动态激励对象"详述的岗位评估排序法、岗位评估因素评分法来划分激励对象。总之，每一条标准都应该是具体、明确、可衡量、没有二义性的。

（三）个量的分配要有刚性标准，避免拍脑门

在股权激励方案中，总量相对好确定，但是个量比较难以确定。在设置个量的核算标准时，这些指标必须具有刚性。比如司龄满2年计1分，每增加1年加0.5分，最高5分；核心层5分、中间层3分、骨干层1分。这些都是比较刚性的标准。

当然，个量的分配一般难以靠数学公式计算得出，多数情况下，在通过数学公式或数学模型得出结果的基础上，会进行综合衡量并做微量的调整而确定。

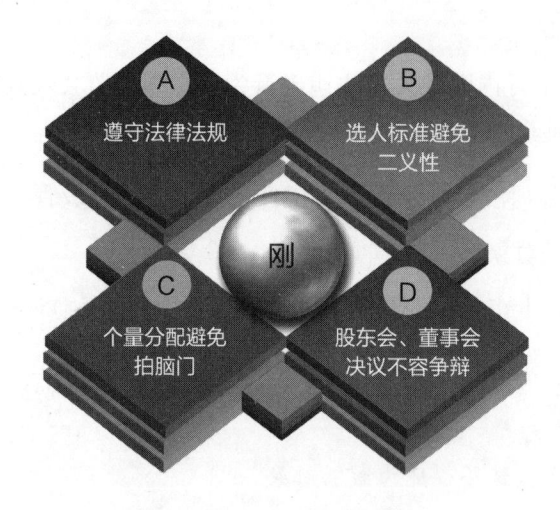

图10-3　个量的分配要有刚性标准

二、股权激励方案的"柔"

股权激励方案中的"柔"，主要意思是不要一成不变，要始终留有灵活性。既表现为对激励对象的灵活性，也表现为对激励股份授予数量的灵活性。"柔"的运用目的主要包括避免产生特权阶层，把激励股变成业绩股这

两个方面。

（一）避免产生特权阶层

股权激励对象就是股权激励授予的对象，或者说是股权激励的受益人。确定谁为股权激励对象，简单地说，就看谁能为公司、为股东创造更多的效益。《上市公司股权激励管理办法》规定，激励对象可以包括上市公司的董事、高级管理人员、核心技术人员或者核心业务人员，以及公司认为应当激励的对公司经营业绩和未来发展有直接影响的其他员工；在境内工作的外籍员工任职上市公司董事、高级管理人员、核心技术人员或者核心业务人员的，也可以成为激励对象。在非上市公司的股权激励计划中，激励对象一般是参照上述标准确定的，但并没有强制性的法律法规规定什么人不得成为激励对象，这完全取决于公司的制度，有更多的灵活性。

一般的做法是，在颁布股权激励计划时，就已确定股权激励对象和激励对象授予的全部激励股权。在上市公司的股权激励计划中，激励对象在审议时需要公示、登记；在股权激励计划实施的几年中，激励对象只能减少，不能增多。激励对象减少的主要原因是离职，或者每一个行权或解除限售年度考核都不合格！

几年的时间并不短，几年内会有不少员工成长起来，甚至在能力、业绩方面超越原有的部分激励对象。除非公司再次实施股权激励计划，否则这些成长起来的人员无法进入激励对象行列，而已经进入激励对象行列的人员，即使业绩平平、不思进取也还是激励对象，这是不合理的。

这种做法和现象，其实就是将业绩平平、不思进取的激励对象塑造成一个没有活力甚至有点僵化的"特权层级"。

一个柔性的股权激励计划，就是将新成长起来的董事、高级管理人员、核心技术人员或者核心业务人员及时纳入激励对象行列，并及时给予股权激励。

为实现这种设想，在上市公司股权激励计划中，只能为新进入者预留激励股份。但是，也只能在股权激励计划实施1年内将部分新人纳入激励对象行列，而一个股权激励计划的实施过程少则3年、多则5年甚至更长，在第2年、第3年及以后就无能为力了，除非再次实施股权激励计划。可以稍作弥补的是，严格激励对象个人考核，对于业绩平平、不思进取的激励对象，如果考核不达标则可以取消其本考核期内已经授予还未行权的激励股份，以消除"不公"！

在非上市公司中，完全可以通过业绩考核、职级调整而在每一个行权年度中对激励对象进行调整。同时，把激励股变成业绩股，以实现激励对象和激励股份两个层面的灵活性。

（二）把激励股变成业绩股

在股权激励计划中，一般的做法是，在确定激励对象的同时，确定整个激励计划实施周期内每一位激励对象被授予的激励股份总额，只要激励对象在每一个行权年度业绩达标就可以全部行权。我们认为，这种做法也是僵化的、不够灵活的，对激励对象授予的激励股份也应是柔性的。

如果通过业绩考核、职级调整，在每一个行权年度中对激励对象进行调整，规定不同层级、不同业绩的激励对象每年度可以授予的激励股份数量，我们就可以将激励股份变成柔性的业绩股份，详细的操作办法参见以下案例。

案例：如何将激励股变成业绩股

详见第四章第三节"案例：限制性股票案例摘要"

第四节　激励方案的"实在性"赢得员工的信任

实在，意思是指真实，不夸张，现实存在的，不是浮夸的。

股权激励涉及核心骨干员工的切身利益，是公司、股东对核心骨干员工的一份承诺，是极其严肃的事情。如果不真实、浮夸，后果很严重。核心骨干人员要的是实实在在、没有水分、在约定条件达成后就能兑现的股权激励。

一、一诺千金，拒绝反悔

一诺千金，从字面意思来看，是指许下的一个诺言有千金的价值，形容说话算数，言而有信，言出必行，说到做到。比喻自己说过的话，答应别人的事情，如同千金般贵重。通俗一点可理解为，一个人说话要算话，不能出尔反尔。在当今社会，无论做人做事，从事什么行业，"一诺千金"都尤为重要。《史记·季布栾布列传》中有记载，秦朝末年，在楚地有一个叫季布的人，性情耿直，为人侠义好助，只要是他答应过的事情，无论有多大困难，他都会设法办到，因而受到大家的赞扬，在当时便有"得黄金百斤，不如得季布一诺"的说法。人们便用"一诺千金"来形容一个人说话做事非常守信用。

一诺千金可谓我们中华民族自古以来备受推崇的传统美德，在当今社会，诚信越来越受重视，社会信用档案也在逐步建立，不论是个人还是组织，不诚信所付出的代价将会越来越大。诚信既体现一个人的个性、价值取向，又与企业的声誉价值紧密相关。从传统的角度来看，诚信就是一个人的可靠程度和可信任程度，它是人品的核心部分。现代企业言必讲诚信，有的企业真正将诚信落实在行动上，但还有许多企业将诚信"挂在墙上"。企业的股东、创始人也需要讲诚信，无论是对待客户还是对待核心骨干人员都一样重要。

尤其是在股权激励这件事上，更应讲诚信！

笔者曾经见过一家上市公司投资的知名软件企业，在创业之初创始人就宣传"平台创业、团队创业"的精神，并将这种创业精神纳入公司核心价值观。公司各级干部尤其是人力资源部门，不论是在招聘、培训还是在员工大会上均大力宣传"平台创业、团队创业"的理念，甚至落实了公司薪酬战略为略低于社会平均水平的政策。公司从最初的十几个人发展到1000多人，历经5年，这个理念深入人心。为了让公司满足上市条件，作为大股东的上市公司将大部分股份以MBO（管理层收购）方式以每股1元的低价转让，由企业的CEO先支付收购价并代持。此后，公司决定进行股份制改造，准备冲击IPO。核心骨干员工都很兴奋，干劲很足，都相信创始人会兑现承诺，让大家拿到公司的股份，实现"平台创业、团队创业"的夙愿。但结果是，创始人只拿出1%的股份让大家认购，这远远低于核心骨干员工的预期，最高份额也不足0.1%，不过是万分之几的额度。此时，CEO公开宣称，如果激励对象觉得激励股份不够，可以以外部投资人同等的价格优先认购CEO所持股份。

试问，如果公司老板在公司核心骨干人员面前都不讲信誉，如何让人安心工作？如何让人尽心尽力？后来，在公司改制准备上市材料的过程中，券商发现，CEO从原大股东即上市公司购买股份的资金全部是挪用企业的资金，并且一直隐瞒至今。挪用企业资金一直是上市公司治理的重大违规事件。此事导致券商毫不迟疑地解除服务协议，公司上市也泡汤了。至此，核心骨干员工怨声载道、离心离德，不足半年，约有20%的核心骨干人员流失，公司业绩也一落千丈。如今此事已经过去多年，据说该公司还在IPO的路上！

二、规则实实在在，拒绝朦朦胧胧

股权激励的规则实实在在，拒绝朦朦胧胧，意思是股权激励的条款要全面、具体、准确，并通过宣传让激励对象的理解一致并达成共识。

《上市公司股权激励管理办法》第九条对上市公司股权激励计划的内容做了详细的阐述，非上市公司在拟制股权激励计划时也可以参照。

第九条 上市公司依照本办法制定股权激励计划的，应当在股权激励计划中载明下列事项：

（一）股权激励的目的；

（二）激励对象的确定依据和范围；

（三）拟授出的权益数量，拟授出权益涉及的标的股票种类、来源、数量及占上市公司股本总额的百分比；分次授出的，每次拟授出的权益数量、涉及标的股票数量及占股权激励计划涉及的标的股票总额的百分比、占上市公司股本总额的百分比；设置预留权益的，拟预留权益的数量、涉及标的股票数量及占股权激励计划的标的股票总额的百分比；

（四）激励对象为董事、高级管理人员的，其各自可获授的权益数量、占股权激励计划拟授出权益总量的百分比；其他激励对象（各自或者按适当分类）的姓名、职务、可获授的权益数量及占股权激励计划拟授出权益总量的百分比；

（五）股权激励计划的有效期，限制性股票的授予日、限售期和解除限售安排，股票期权的授权日、可行权日、行权有效期和行权安排；

（六）限制性股票的授予价格或者授予价格的确定方法，股票期权的行权价格或者行权价格的确定方法；

（七）激励对象获授权益、行使权益的条件；

（八）上市公司授出权益、激励对象行使权益的程序；

（九）调整权益数量、标的股票数量、授予价格或者行权价格的方法和程序；

（十）股权激励会计处理方法、限制性股票或股票期权公允价值的确定方法、涉及估值模型重要参数取值合理性、实施股权激励应当计提费用及对上市公司经营业绩的影响；

（十一）股权激励计划的变更、终止；

（十二）上市公司发生控制权变更、合并、分立，以及激励对象发生职务变更、离职、死亡等事项时股权激励计划的执行；

（十三）上市公司与激励对象之间相关纠纷或争端解决机制；

（十四）上市公司与激励对象的其他权利义务。

在前面的案例中，就存在规则不清、不全的情况，仅仅宣传"平台创业、团队创业"，而到底创业后会怎么样、公司会落实什么制度、大家预期利益有多少等内容都是朦朦胧胧的，没有说清楚。直接导致的结果是，大家的预期与创始人能够、愿意兑现的利益差距巨大，由此埋下隐患。

三、利益预测靠谱，拒绝画饼

利益预测是股权激励计划的核心环节之一，非常重要，不可缺失。一方面是因为很多核心骨干人员没有接触过股权激励，即使接触过也可能理解得不深、不透；另一方面员工看中的不是股份本身，而是这些股份背后的价值，是能够以货币衡量的收益。

常见的问题是，创始人给激励对象"画饼充饥"，比如"什么市盈率100倍""身家几千万"都是吹出来的，基本上不可能兑现，导致后患无穷，并且"石头"还在创始人背上，大家都盯着，看到底能不能兑现。2008年，曾经有家公司老板与我大谈他的上市计划，慷慨承诺给我多少股份，并且预测我将获得的股份价值。依据这个预测价值，我简单一算就明白他的假设前提是：公司按计划上市，业绩年年翻倍，并且市盈率在100倍以上。我想，这是在"画饼"呀，一个在拟加盟的核心人员面前"画饼"的老板是值得信赖的吗？因此，我婉言谢绝了这个所谓的机会。今天再看这家公司，现实情况与这位老板当年向我描绘的蓝图相差千里！

其实，利益预测也不难，通过如下几个公式和若干假设即可计算出股份的价值。

每股价格＝市盈率 × 每股税后净利（上市公司）

每股收益＝当前公司市值/总股本－每股行权价格（上市公司）

每股收益＝当前公司净值/总股本－每股行权价格（非上市公司）

当年期末净值＝上年度期末净值+本年度净利润

在利益预测中，难以左右或不能左右的是市场行情，能够左右的是公司业绩。所以，经营层的业绩规划以及各子利润中心的业绩计划是重中之重，也可以通过业绩规划和业绩计划向经营层和子利润中心负责人施加压力，要让他们明白：利益多少关键要看他们的业绩，业绩低则利益少，业绩高则利益多。这样，就将压力给了激励对象，大家撸起袖子加油干吧！

第五节　激励对象的"个人梦"是激励作用的源泉

　　创始人创办一家企业，都有一个梦想——创业梦想。这家企业就是梦想实现的平台，是创始人埋下的梦想的种子。梦想是对未来的一种期望或是可以达到但必须努力才能够达到的境况。梦想就是一种让你感到坚持就是幸福的东西，甚至可以将其视为一种信仰。那些核心骨干员工也有梦想，也许正在琢磨应到何处去追寻梦想。

　　企业家最宝贵的资源是什么？就是这个梦想平台，它由股份铸造。各位企业家最想补充的资源是什么？是核心骨干人员。企业家追寻核心骨干人员，核心骨干人员追寻梦想平台，两者在一起，相得益彰！

　　正是在这种情况下，企业创始人与有梦想的核心骨干人员走到了一起。企业创始人有一个梦想平台，他要实现梦想，需要一批志同道合的出色人员同行；有梦想的核心骨干人员要实现梦想，需要寻找一个合适的实现梦想的平台。这样，企业就变成了双方共同的梦想平台！

　　在这个梦想平台上，企业家要让核心骨干人员拥有个人梦想，并且把梦想放在企业的梦想平台上来实现。核心骨干人员要兢兢业业、全身心投入，在这个梦想平台上助力企业家实现梦想，同时实现个人梦想！

案例：总经理3000万元的财富梦想

　　有一家比较传统的制造企业，历经10年的创业之旅，有比较好的团队、产品和企业名誉。创始人操劳多年，自感精力不济，希望引进一位总经理，并由他组建一支二次创业的经营班子，踏上第二次创业之旅。

为此，公司拟订了如下股权激励方案框架：

（1）定模式。期权激励模式。

（2）定人员。首先是总经理，其次是公司经营班子其他成员和核心技术、业务人员，共计20人。

（3）定价格。公司净资产6000万元，当年收入1.2亿元，净利润1000万元，总股本虚拟为3000万股，确定每股2元的价格（注：公司盈利能力不错，这个价格是很低的）。

（4）定数量。创始人直接转让10%的股份，合计300万股。其中，分配总经理100万股。

（5）定规则，具体包括：

①等待行权期2年。

②等待期满后一次性行权。

③股份的退出方式为公司上市或被收购。

④激励对象在公司上市或被收购前离职，股份按照离职前一年每股净资产价格由创始人回购。

（6）定经营目标。具体见表10-3。

表10-3 经营目标

时间	收入目标/万元	回款目标/万元	利润目标/万元
第一年	15600	14000	1300
第二年	20280	20000	1625
第三年	26364	23000	2031

（7）收益预测：

①公司顺利实现了前2年的经营目标，新的经营班子信心大涨，创始人

也很满意。经双方协商，作出决定：创始人向企业无息借款5000万元，解决公司流动资金短缺的问题，并向银行贷款1亿元；将于第三年年末进行股份制改造。

②第三年年末公司每股净利润约0.7元，预计第四年年末至少达到0.8元。

③如果公司于第五年年末上市，假设市盈率为40倍，则每股价格约为32元。

⑤总经理所持股份的价值约为3200万元。

这就是总经理的3000万元财富梦想。总经理在2016年年度总结会上半开玩笑半认真地说："谁不好好干，谁就是跟公司过不去；跟公司过不去，就是跟3000万元过不去。"

祝愿创始人、总经理及其他激励对象的梦想都能如愿实现！

第十一章

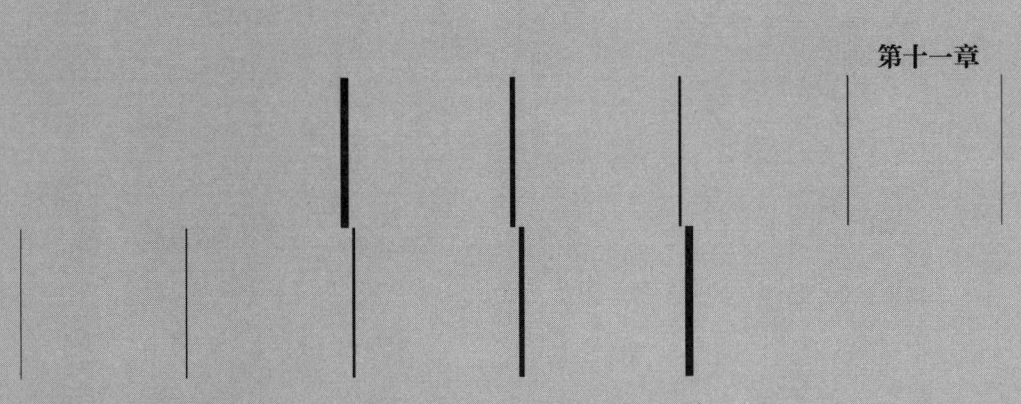

股权激励方案的审批程序及文书模板

总体来讲，股权激励计划可以划分为四大阶段，对应的四大程序分别是计划实施、计划授予、解除限售或行权、计划变更和终止。

计划实施阶段的主要任务有四个：第一，从技术和艺术两个层面进行设计并形成股权激励方案（计划）草案文稿；第二，同时提出详细的关于激励对象、授予数量等的建议方案；第三，董事会、监事会对以上内容进行审议，股东大会对股权激励计划（主要包括《股权激励计划管理办法》《股权激励计划授予协议》《股权激励计划绩效管理办法》、激励对象名单及职位、每一位激励对象授予数量等文件）进行表决；第四，对激励对象进行公示，对股权激励计划进行公告（上市公司）。

计划授予阶段的主要任务有两个：第一，董事会经股东会授权向激励对象授予股权激励；第二，与激励对象签订股权激励授予协议。当然，在这个阶段，还需要就股权激励计划向激励对象进行详细地宣讲，并拟订激励周期内每年的经营规划和各个利润中心的经营计划，预测如果按计划实现经营规划和经营计划，激励对象可能获得的收益，以此引导激励对象的认知，使激励对象产生强烈的获得感。

解除限售或行权阶段的任务主要有三个：第一，董事会或薪酬与考核委员会审核实施股权激励的公司业绩条件和个人业绩条件是否达成；第二，如果业绩达成即解除限售或行权，如果业绩未达成则做出期权不得行权或注销本年度限制性股票的决定；第三，如果行权的是实股，则需要去工商登记部门办理公司变更事项的登记手续。

计划变更和终止往往是在出现了导致股权激励实施条件发生重大变化时做出的特别程序。在这种情况下，决策机构分两种情况：提交股东大会审批前由董事会决策；提交股东大会审批后，如果股权激励计划需要变更或终止，需要由股东大会最终决策。

下面我们以上市公司为例，详细介绍股权激励计划的四大流程及主要文件模板。非上市公司可以借鉴，如果也按照以下流程、模板进行审批，应该更加规范、更加严谨。

第一节 股权激励计划的实施程序

1.董事会薪酬与考核委员会负责拟定本激励计划草案、《考核管理办法》和激励对象名单,并提交公司董事会审议。

2.公司董事会应当依法对本激励计划及相关议案做出决议。董事会审议本激励计划时,作为激励对象的董事或与其存在关联关系的董事应当回避表决。董事会应当在审议通过本激励计划并履行公示、公告程序后,将本激励计划提交股东大会审议;同时提请股东大会授权,负责实施股票期权的授予、注销,以及限制性股票的授予、解除限售和回购等工作。

3.独立董事及监事会应当就本计划是否有利于公司持续发展,是否存在明显损害公司及全体股东利益的情形发表意见。独立董事或监事会认为有必要的,可以建议公司聘请独立财务顾问,对股权激励计划的可行性、是否有利于上市公司的持续发展、是否损害公司利益,以及对股东利益的影响发表专业意见。

4.公司将在召开股东大会前,通过公司网站或者其他途径,在公司内部公示激励对象的姓名和职务,公示期不少于10天。监事会应当对激励名单进行审核,充分听取公示意见。公司应当在股东大会审议激励计划前5日披露监事会对激励名单审核及公示情况的说明。

5.公司应当对内幕信息知情人在股权激励计划草案公告前6个月内买卖本公司股票及其衍生品种的情况进行自查,说明是否存在内幕交易行为。知悉内幕信息而买卖本公司股票的,不得成为激励对象,法律、行政法规及相关司法解释规定不属于内幕交易的情形除外。泄露内幕信息而导致内幕交易发生的，不得成为激励对象。

6.公司应当聘请律师事务所对股权激励计划出具法律意见书，根据法律、行政法规及《上市公司股权激励管理办法》的规定发表专业意见。

7.公司召开股东大会审议股权激励计划时，独立董事应当就股权激励计划向所有股东征集委托投票权。

8.股东大会应当对本次激励计划内容进行表决，并经出席会议的股东所持表决权的2/3以上通过。除上市公司董事、监事、高级管理人员、单独或合计持有上市公司5%以上股份的股东外，其他股东的投票情况应当单独统计并予以披露。公司股东大会审议本次激励计划时，拟为激励对象的股东或者与激励对象存在关联关系的股东，应当回避表决。

9.董事会根据股东大会的授权为激励对象办理具体的限制性股票和股票期权的解除限售/行权、回购、注销等事宜。

第二节　股权激励计划的授予程序

1.股东大会审议通过本激励计划后，授权董事会办理具体的股权激励授予事宜。

2.公司股东大会审议通过本计划之日起60日内，公司召开董事会对激励对象授予激励股权。公司董事会须确定本计划授予日/授权日，确认公司/激励对象已满足本计划规定的授予条件等相关事宜。监事会核查激励对象的名单是否与股东大会批准的激励计划中规定的对象相符。

3.公司与激励对象签订《授予协议书》，约定双方的权利与义务。

4.激励对象将认购限制性股票的资金按照公司要求缴付于公司指定账户，并经注册会计师验资确认，否则视为激励对象放弃认购获授的限制性股票。

5.授予激励对象限制性股票后，涉及注册资本变更的，由公司向工商登记部门办理公司变更事项的登记手续。

6.公司董事会应当在授予的限制性股票登记，以及股票期权行权完成后及时披露相关实施情况的公告。

第三节 股权激励计划解除限售或行权程序

一、限制性股票解除限售程序

1.在限制性股票解除限售前,董事会应当就本计划设定的激励对象解除限售条件(经营业绩条件和个人业绩考核结果)是否成就进行审议,独立董事及监事会应当同时发表明确意见,律师事务所应当对激励对象解除限售的条件是否成就出具法律意见。对于满足解除限售条件的激励对象,由公司统一办理解除限售事宜;对于未满足条件的激励对象,由公司回购并注销其持有的该次解除限售对应的限制性股票。公司应当及时披露相关实施情况的公告。

2.在限制性股票解除限售前,公司应当向证券交易所提出申请,经证券交易所确认后,由登记结算公司办理登记结算事宜。

二、股票期权行权程序

1.公司有关主管部门在可行权期内对公司及个人行权条件的达成情况(经营业绩条件和个人业绩考核结果)进行考核,并将激励对象考核报告提交董事会薪酬与考核委员会。

2.在行权期内,确认达到行权条件后,激励对象在董事会确定的可行权日内，确认行权的数量和价格，并交付相应的购股款项。

3.激励对象的行权申请经董事会薪酬与考核委员会确认后，由公司向证券交易所提出行权申请。

4.经证券交易所确认后，公司向登记结算公司申请办理登记结算事宜。

5.激励对象行权后，涉及注册资本变更的，由公司向工商登记部门办理公司变更事项的登记手续。

第四节 股权激励计划的变更和终止程序

一、激励计划的变更程序

1.公司在股东大会审议通过本激励计划之前可对本激励计划进行变更，变更需经董事会审议通过，公司应当披露董事会决议公告，同时披露变更原因、变更内容及独立董事、监事会、律师事务所的意见。

2.公司对已通过股东大会审议的激励计划进行变更的，应及时公告并提交股东大会审议，且不得包括下列情形：

- 导致加速行权或提前解除限售的情形；
- 降低行权价格或授予价格的情形。

3.独立董事、监事会应当就变更后的方案是否有利于公司的持续发展，是否存在明显损害公司及全体股东利益的情形发表独立意见；律师事务所应当就变更后的方案是否符合《上市公司股权激励管理办法》及相关法律法规的规定、是否存在明显损害公司及全体股东利益的情形发表专业意见。

二、激励计划的终止程序

1.公司在股东大会审议本激励计划之前拟终止实施本激励计划的，需经董事会审议通过。

2.公司在股东大会审议通过本激励计划之后终止实施本激励计划的，应当由股东大会审议决定。

3.律师事务所应当就公司终止实施激励计划是否符合《上市公司股权激励管理办法》及相关法律法规的规定、是否存在明显损害公司及全体股东利益的情形发表专业意见。

4.本激励计划终止时，公司应当回购尚未解除限售的限制性股票，并按照《公司法》的规定进行处理。

5.公司回购限制性股票前，应当向证券交易所提出申请，经证券交易所确认后，由登记结算公司办理登记结算事宜。

第五节　股权激励计划的相关议案及文件模板

一、股权激励计划及其摘要的议案及模板

关于北京××××有限公司

股票期权计划（草案）及其摘要的议案

各位董事：

为了进一步……拟定了股票期权激励计划。

本次股权激励计划拟向激励对象授予权益总计××××万股。其中，首次授予股票期权合计××××万股，占本次激励计划签署时公司股本总额的××%，占本计划授出权益总数的××%；预留××××万股，占本计划授出权益总数的××%。本股权激励计划首次授予的激励对象总人数为××人，激励对象包括公司董事、中高级管理人员和核心技术（业务）人员、子公司中高级管理人员与核心技术（业务）人员，以及公司认为应当激励的对公司经营业绩和未来发展有直接影响的其他员工。

股票期权计划（草案）及其摘要的具体内容详见本议案附件。

该议案尚需提交股东大会审议，请各位董事审议。

北京××××有限公司

董事会

年　月　日

北京××××股份有限公司
股票期权激励计划（草案）节选

本公司及全体董事、监事保证本激励计划及其摘要不存在虚假记载、误导性陈述或重大遗漏，并对其真实性、准确性、完整性承担个别和连带的法律责任。

一、股权激励目的

……

二、股权激励计划拟授予数量

股票期权激励计划：公司拟向激励对象授予××××万股股票期权。其中，首次授予××××万股股票期权，占本次股权激励计划拟授予权益总数的××%；预留××××万股股票期权，占本次股权激励计划拟授予权益总数量的××%。

三、激励对象

（一）本计划涉及的激励对象共计××人，包括：

1.公司董事、中高级管理人员、核心技术（业务）人员；

2.子公司中高级管理人员、子公司核心技术（业务）人员；

3.公司认为应当激励的对公司经营业绩和未来发展有直接影响的其他员工。

（二）授予的权益（股票期权）在不同激励对象间的具体分配情况见表11-1。

表11-1 权益分配表

所属层级	获授权益总数/万股	占本次计划授予权益比例	占公司当前股本比例
公司董事、高级管理人员（共×人）			
公司除董事、高级管理人员以外的其他管理人员以及子公司中高级管理人员（共××人）			

续表

所属层级	获授权益总数/万股	占本次计划授予权益比例	占公司当前股本比例
核心技术（业务）人员（共×××人）			
预留部分			
合计			

四、具体方案

（一）激励对象获授权益的条件

1.公司未发生以下情形：略

2.激励对象未发生以下情形：略

（二）股权激励计划有效期

股票期权激励计划的有效期自股票期权授权之日起至激励对象获授的股票期权全部行权或注销之日止，不超过60个月。

（三）主要环节

主要环节包括股票期权的授权日、等待期、可行权日、行权安排、禁售期。

1.授权日

2.等待期

3.可行权日

4.行权安排

本计划预留股票期权，应当自首次股票期权授权日次日起12个月内授予，自预留期权授权日起满24个月后，激励对象可在未来24个月内分两期行权，具体安排如表11-2所示。

表11-2 行权安排

行权期	行权时间	行权比例
第一个行权期	自预留部分授权日起24个月后的首个交易日起至预留部分授权日起36个月内的最后一个交易日当日止	50%
第二个行权期	自预留部分授权日起36个月后的首个交易日起至预留部分授权日起48个月内的最后一个交易日当日止	50%

当期行权条件未成就的，股票期权不得行权或递延至下期行权，并由公司注销。股票期权各行权期结束后，激励对象未行权的当期股票期权应当终止行权，公司应当及时注销。

5.禁售期

（四）价格

1.股票期权行权价格：×××元/股。

股票期权行权价格不得低于下列两个价格中的较高者：

（1）股权激励计划草案公布前1个交易日公司标的股票交易均价，即×××元/股。

（2）股权激励计划草案公布前20个交易日公司股票交易均价，即×××元/股。

2.预留部分的股票期权行权价格的确定方法同首次授予价格的确定方法。

（五）股票期权的授予条件、解除限售/行权条件

1.股票期权的授予条件：略

2.股票期权行权条件：公司业绩考核要求及个人绩效考核要求。本计划对所授股票期权实行分期行权，并分年度进行公司业绩考核和激励对象绩效考核，以两个层面考核作为激励对象股票期权行权的条件。

①公司业绩考核要求。

公司未达到上述业绩考核目标的，所有激励对象对应考核当年可行权的股票期权均不得行权，由公司注销。

②个人绩效考核要求。

五、会计处理

按照《企业会计准则第11号——股份支付》和《企业会计准则第22号——金融工具确认和计量》的规定，公司选取Black-Scholes模型作为定价模型来计算期权的公允价值及股票期权摊销费用。

二、激励计划考核管理办法的议案及模板

关于北京××××有限公司股权激励计划考核管理办法的议案

各位董事：

为保证股权激励计划顺利实施，根据《公司法》等法律法规，以及《公司章程》的相关规定，并结合公司实际情况，公司拟定了《北京××××有限公司股权激励计划考核管理办法》，具体内容详见本议案附件。

该议案尚需提交股东大会审议，请各位董事审议。

北京××××有限公司
董事会
年　月　日

北京××××股份有限公司股权激励计划考核管理办法

一、考核目的

略

二、考核原则

略

三、考核范围

略

四、职责权限

1. 公司董事会负责制定与修订本办法，并授权董事会薪酬与考核委员会（以下简称"薪酬与考核委员会"）负责审核、考核工作。

2. 薪酬与考核委员会负责领导和组织对激励对象的考核工作，应在股权激励计划期间每年度组织综合考核评价一次。

3. 公司人力资源主管部门在薪酬与考核委员会的指导下负责组织执行具体的考核工作，保存考核结果，并在此基础上形成绩效考核报告上交薪酬与考核委员会。

4. 公司及子公司各级人力资源、财务等相关部门负责协助搜集和提供相关考核数据，并对数据的真实性和可靠性负责。

5. 本计划激励对象考核评价的具体工作按照公司现有考核管理机制进行，由其所在公司的人力资源部门负责组织执行，其中子公司激励对象的考核评价工作由其所在子公司人力资源部门在公司人力资源主管部门的指导下具体组织执行，经所在子公司总经理审核、董事长审批后形成绩效考核结果，并上报公司人力资源主管部门审核并备案。

五、考核评价指标及标准

激励对象需同时满足公司层面业绩考核要求及个人层面绩效考核要求，其获授股票期权方可行权。

（一）公司层面业绩考核要求

首次授予股票期权的各年度业绩考核目标。

……

本计划授予的股票期权，在行权期内，分年度进行业绩考核并行权，以达到绩效考核目标作为激励对象的行权条件。

……

以上"净利润"指标以扣除非经常性损益后（但不扣除与公司业务相关的政府补助收益）的净利润作为计算依据，各年净利润指归属于上市公司股东的净利润。

（二）个人层面绩效考核要求

激励对象个人层面绩效考核遵照公司绩效考核制度的相关规定，即个人层面绩效考核指标包括个人关键业绩指标、企业经营业绩指标两个方面，且个人关键业绩指标与经营业绩指标相对权重根据不同激励对象所在岗位、职级等情况确定。

个人关键业绩指标主要是衡量各岗位员工关键工作成果完成情况的指标。关键业绩指标根据公司年度经营计划分解和岗位职责而确定，不同的岗位对应不同的业绩指标。

企业经营业绩指标主要是衡量各岗位员工所在公司营业收入、净利润、经营性净现金流等经营业绩完成情况的指标。公司董事、高级管理人员的经营业绩指标考核，主要以合并口径下归属上市公司股东的相关经营业绩指标为标准。其中，兼任子公司董事长或高管的，其经营业绩指标考核应包括其所任职子公司的经营业绩；其他激励对象的经营业绩考核以其所在公司的经营业绩指标为标准。各年度经营业绩指标根据公司年度经营计划分解和岗位职责而确定，不同的岗位对应不同的经营业绩指标。

六、考核结果应用

1.只有公司层面业绩考核达标时，激励对象方可根据个人绩效考核结果进行股票期权行权。

2.个人考核得分与股票期权行权的关系用公式表示为：

激励对象每个行权期内实际可行权额度＝当年计划行权数量×个人业绩考核系数

激励对象考核得分须达到60分以上方可行权或解锁。激励对象考核得分大于70分的，可按照当年计划可行权数量全部行权；考核得分大于等于

60分小于70分的，可按股权激励方案确定的比例部分行权；考核得分小于60分的，不能行权。激励对象当年未行权部分的期权由公司注销。

七、考核程序

1.每一考核年度根据公司年度经营计划，由公司与考核对象沟通后制定被考核对象年度工作绩效目标。

2.考核年度结束后，公司各级人力资源部门与财务部门对激励对象进行个人关键业绩考核与企业经营业绩考核，形成考核数据并报人力资源主管部门。

3.人力资源主管部门形成绩效考核报告，报薪酬与考核委员会审批，并保存考核结果。

4.根据前述考核结果确定各激励对象的考核得分，以此作为股票期权行权的依据。

八、考核期间及次数

1.考核期间。激励对象股票期权行权前一会计年度。

2.考核次数。股票期权行权期间每年度一次。

九、考核结果的管理及应用

……

十、附则

本办法由董事会负责制定、解释及修改，自股东大会审议通过之日起开始实施。

北京××××股份有限公司董事会

二〇一六年十月十三日

三、股东大会授权董事会办理的议案及模板

鉴于股权激励计划在授予、实施过程中涉及方方面面的内容，为了执行的便捷性，一般都会提请股东大会将相关事宜授权董事会来决策。

以下是一份提请股东大会授权董事会办理相关事宜的议案模板。

关于提请股东大会授权董事会
办理公司股票期权激励计划相关事宜的议案

各位董事：

根据《中华人民共和国公司法》《中华人民共和国证券法》等法律法规及《公司章程》的有关规定，公司董事会提请公司股东大会授权董事会在有关法律法规范围内全权办理与本次股票期权激励计划有关的全部事宜，包括但不限于：

一、提请公司股东大会授权董事会负责具体实施股票期权激励计划的以下事项。

1.授权董事会确定股票期权激励计划的授权日/授予日。

2.授权董事会在公司出现资本公积转增股本、派送股票红利、股票拆细或缩股、配股等事宜时，按照本次股权激励计划规定的方法对股票期权数量及所涉及的标的股票数量进行相应调整。

3.授权董事会在公司出现资本公积转增股本、派送股票红利、股票拆细或缩股、配股等事宜时，按照本次股权激励计划规定的方法对股票期权的行权价格、数量进行相应调整。

4.授权董事会在激励对象符合授予条件时向激励对象授予股票期权并办理与之相关所必需的全部事宜。

5.授权董事会对激励对象的股票期权行权的资格与条件进行审查确认，并同意董事会将该项权利授予薪酬和考核委员会行使。

6.授权董事会决定激励对象股票期权是否可以行权。

7.授权董事会按照本次股权激励计划的规定，为符合条件的激励对象办理行权、解除限售的全部事宜（包括但不限于向证券交易所提出行权、解除限售申请、向登记结算公司申请办理有关登记结算业务、修改公司章程、办理公司注册资本的变更登记等）。

8.授权董事会决定股票期权激励计划的中止、变更与终止，包括但不限于取消激励对象的行权资格，对激励对象尚未行权的股票注销，办理已死亡的激励对象尚未行权、尚未解除限售的股票的补偿和继承事宜，终止公司股票期权激励计划等。

9.授权董事会对公司股票期权激励计划进行管理和调整，在与本次激励计划的条款一致的前提下不定期制定或修改该计划的管理和实施规定。但如果法律、法规或相关监管机构要求该项修改需得到股东大会或/和相关监管机构的批准，则董事会的该项修改必须得到相应的批准。

10.授权董事会签署、执行、修改、终止任何和股票期权激励计划有关的协议。

11.授权董事会为股票期权激励计划的实施，委任收款银行、会计师、律师等中介机构。

12.实施股票期权激励计划所需的其他必要事宜，但有关文件明确规定需由股东大会决定的事宜除外。

13.在符合公司股票期权激励计划所确定的激励对象范围及授予条件等相关要求的基础上，办理预留部分权益的激励对象确定、权益授予等事宜。

二、提请公司股东大会授权董事会，就股票期权激励计划向政府有关机构办理审批、登记、备案、核准、同意等手续；签署、执行、修改、完成向政府有关机构、组织、个人提交的文件；修改《公司章程》、办理公司注册资本的变更登记；做出其认为与本次股权激励计划有关的必须、恰当或合适的所有行为。

三、提请公司股东大会同意，向董事会授权的期限为本次股票期权激励计划有效期。

该议案尚需提交股东大会审议，请各位董事审议。

北京××××股份有限公司

董事会

××年××月××日

四、股权激励计划法律意见书、激励对象承诺函

在股权激励计划实施过程中，有三份重要的法律文件：一是激励对象承诺函；二是律师的法律意见书；三是公司与激励对象签订的《授予协议书》。以下是激励对象承诺函的模板。

承诺函

鉴于北京××××公司（以下简称"公司"）拟实行股票期权激励计划（以下简称"本次激励"），本人_____（身份证号码：_____）作为本次激励的激励对象，就本次激励有关事项做出如下承诺：

1.本人担任_____公司_____职务，本人已经与该公司签署劳动合同或聘任合同。

2.本人不是单独或合计持有公司5%以上股份的股东或实际控制人及其配偶、父母、子女，不存在《上市公司股权激励管理办法》第八条规定的不得成为激励对象的情形，包括：

①最近12个月内被证券交易所认定为不适当人选。

②最近12个月内被中国证监会及其派出机构认定为不适当人选。

③最近12个月内因重大违法违规行为被中国证监会及其派出机构行政处罚或者采取市场禁入措施。

④具有《公司法》规定的不得担任公司董事、高级管理人员情形的。

⑤法律法规规定不得参与上市公司股权激励的。

⑥中国证监会认定的其他情形。

3.本人不是知悉内幕信息而买卖公司股票或泄露内幕信息而导致内幕交易发生的内幕信息知情人。

4.本人参与本次激励的资金来源为自有/自筹资金，合法合规，未违反法律、行政法规及中国证监会的相关规定。

5.本人除参加公司的股权激励计划外，没有同时参加两个或两个以上的上市公司的股权激励计划。

6.本人不是公司现任董事，且与公司现任董事不存在任何关联关系。

7.若公司因信息披露文件中有虚假记载、误导性陈述或者重大遗漏，导致不符合授予权益或行使权益安排的，本人应当自相关信息披露文件被确认存在虚假记载、误导性陈述或者重大遗漏后，将由本次激励所获得的全部利益返还公司。

本人承诺：上述承诺事项真实、准确和完整，保证不存在任何虚假记载、误导性陈述，并对所提供信息的真实性、准确性和完整性承担个别和连带的法律责任。若违反本承诺，本人自愿将由本次激励所获得的全部利益返还公司。此外，若违反本承诺给公司造成其他损失，本人承担一切赔偿责任。

承诺人（签字）：

××年××月××日

激励对象承诺函的内容主要是激励对象个人承诺自己符合激励对象的条件，并且可以被授予股权激励。《法律意见书》则是由律师出具的，证明股权激励计划符合《上市公司股权激励管理办法》的刚性规定，一般包含如下内容：

①是否具备实施本次股权激励计划的主体资格？
②本次股权激励计划的主要内容是否完整？
③本次股权激励计划应履行的法律程序是否已经履行？
④本次股权激励计划激励对象的确定是否符合规定？
⑤本次股权激励计划是否做了如实、完整、准确的信息披露？
⑥本次激励计划的资金来源是否符合要求？
⑦本次激励计划是否存在有损公司及全体股东利益的情形？
⑧关联董事是否回避表决？
⑨结论意见。

五、董事会授予议案及《授予协议书》的模板

股东大会作为股权激励的决策机构，主要对董事会审议并提请的三个议案进行审批。结合前文，包括：《关于北京××××有限公司股票期权与限制性股票激励计划（草案）及其摘要的议案》《关于北京××××有限公司股权激励计划实施考核管理办法的议案》《关于提请股东大会授权董事会办理公司股票期权与限制性股票激励计划相关事宜的议案》。

至此，公司股权激励计划正式生效，随后董事会依据股东大会的授权进行授予。

关于向公司激励对象首次授予权益的议案

各位董事：

根据《上市公司股权激励管理办法》《北京××××股份有限公司股票期权激励计划》（以下简称"本次激励计划"）的相关规定以及公司××年度第××次临时股东大会的授权，公司董事会认为本次激励计划规定股票期权的授予条件已经成就，确定公司股票期权激励计划的授予日为××年××月××日，并同意向符合条件的××名激励对象授予××万股股票期权，行权价格为××元/股。

请各位董事审议。

北京××××公司董事会

2016年11月1日

北京××××有限公司股票期权授予协议书

协议书编号：【　　　　】

签约双方：

甲方：北京××××有限公司

注册地址：

法定代表人：

乙方：

身份证号码：

住所：

……

第一条 股票期权概念界定

……

第二条 资格确认与股票期权授予

乙方是甲方或其控股子公司员工，现担任_____一职，属于甲方《激励计划》所确认的激励人员范围。

经甲方薪酬与考核委员会按照甲方《激励计划》的有关规定进行评定，经甲方董事会、股东大会确认后，若乙方具备获授股票期权的资格并符合《激励计划》规定的其他条件的，甲方将于甲方董事会确定的授权日授予乙方股票期权_____【_____】股，【大写：_____】，行权价格为【 】元。每份期权可按每股人民币【 】元的价格，在有效期内以行权条件认购甲方的普通股票1股。

第三条 行权安排

（一）乙方获授的股票期权有效期自本协议第二条规定的授权日起至乙方获授的股票期权全部行权或注销之日止，不超过60个月。在股票期权授权日后的24个月之内为等待期，乙方不可以行权。自股票期权授权日起满24个月后，乙方获授的股票期权开始进入可行权期。在可行权期内采取分批行权的办法：第一个行权期，自授权日起24个月后的首个交易日起至授权日起36个月内的最后一个交易日当日止，乙方可以进行第一次行权，可行权上限为其获授股票期权总额的30%；第二个行权期，自授权日起36个月后的首个交易日起至授权日起48个月内的最后一个交易日当日止，乙方可以进行第二次行权，可行权上限为其获授股票期权总额的30%；第三个行权期，自授权日起48个月后的首个交易日起至授权日起60个月内的最后一个交易日当日止，乙方可以进行第三次行权，可行权上限为其获授股票期权总额的40%。

乙方每年实际可行权份额将根据公司当年是否满足股票期权的授予条件、行权条件、乙方绩效考核结果等情况作相应调整，激励对象的考核管理办法按照经甲方股东大会、董事会通过的《考核管理办法》，以及依照《考核管理办法》制定的《北京××××有限公司股权激励计划绩效考核实施细则》（以下简称《考核实施细则》）执行。当期行权条件未成就的，股票期权不得行权或递延至下期行权，并由公司注销相关期权。计划有效期结束后，已获授但尚未行权的股票期权不得行权，未行权的该部分期权由公司注销。

（二）乙方获授的股票期权自授权日起满24个月后可以开始行权。可行权日必须为交易日，但不得在下列期间行权：①公司定期报告公告前30日内，因特殊原因推迟定期报告公告日期的，自原预约公告日前30日起算，至公告前1日；②公司业绩预告、业绩快报公告前10日内；③自可能对公司股票及其衍生品种交易价格产生较大影响的重大事件发生之日或者进入决策程序之日，至依法披露后2个交易日内；④中国证监会及证券交易所规定的其他期间。

（三）当甲方发生资本公积转增股本、配股、股份拆细或缩股、派发股票红利、派发现金红利等情况时，乙方所持有的股票期权数量及/或行权价格应作相应的调整，调整办法按《激励计划》的相关规定进行。甲方应在有关调整经董事会审议通过后通知乙方。发生除前述情形以外的事项需要调整权益数量和行权价格的，提交股东大会审议通过后，甲方有权进行调整。

（四）乙方须以现金方式行权。若在行权期内未缴足行权款，则未缴足款部分的行权无效。

（五）股票期权持有人行权时凭股票期权相关文书、个人有效身份证原件和深圳证券交易所股东卡，代理人持授权委托书、本人身份证原件、委托人深圳证券交易所股东卡和委托人身份证或其他合法的法律手续向甲方递交申请，经核准后由甲方统一办理。

（六）乙方有效行权后，甲方向乙方发出行权确认通知。

（七）乙方对于本次股票期权激励计划行权的有关疑问可向甲方查询。

（八）上述工作由甲方的薪酬与考核委员会委托甲方的人力资源部门及董事会秘书办公室负责具体操作。

第四条　股票期权行权前后的股东权利

……

第五条　甲乙双方的权利与义务

（一）甲方的权利与义务

……

（二）乙方的权利与义务

……

第六条　行权权利选择

就所持有的股票期权，在本协议规定的行权期内，乙方可以选择行权，也可以选择放弃行权。

第七条　甲乙双方发生异动的处理

（一）甲方出现下列情形之一时，《激励计划》及本协议即行终止，乙方已获授但尚未行权的股票期权由甲方注销：

1.最近一个会计年度财务会计报告被注册会计师出具否定意见或者无法表示意见的审计报告。

2.最近一个会计年度财务报告内部控制被注册会计师出具否定意见或无法表示意见的审计报告。

3.上市后最近36个月内出现过未按法律法规、公司章程、公开承诺进行利润分配的情形。

4.法律、行政法规、部门规章规定不得实行股权激励的情形。

5.中国证监会认定的其他情形。

（二）乙方出现下列情形之一时，《激励计划》及本协议即行终止，乙方已获授但尚未行权的股票期权由甲方注销：

1.最近12个月内被证券交易所认定为不适当人选的。

2.最近12个月内被中国证监会及其派出机构认定为不适当人选的。

3.最近12个月内因重大违法违规行为被中国证监会及其派出机构行政处罚或者采取市场禁入措施。

4.具有《公司法》规定的不得担任公司董事、高级管理人员情形的。

5.具有法律法规规定不得参与上市公司股权激励的情形的。

6.中国证监会认定的其他情形。

（三）若因任何原因导致甲方的实际控制人或者控制权发生变化，或甲方发生合并、分立等事项，所有授出的股票期权不作变更，仍按《激励计划》继续实施，但乙方不能加速行权。

（四）乙方个人情况发生以下变化时，甲乙双方同意按以下约定履行本协议：

……

第八条 行权价格及数量调整

若在行权前公司发生资本公积转增股本、派送股票红利、股票拆细、配股或缩股、分红派息等事项，乙方的行权数量及行权价格根据《激励计划》有关规定相应调整。

第九条 双方承诺

（一）甲方承诺

1.甲方对于授予乙方的股票期权将恪守承诺：除非乙方发生本协议或者股票期权相关规章制度、《激励计划》、法律法规和规范性文件规定的情形，甲方不得中途取消或减少乙方持有的股票期权数量，不得中止或终止本协议。

2.甲方承诺向乙方提供本次股权激励计划的实施情况、实施和管理办法，并解释说明，提供必要的帮助。

（二）乙方承诺

1.乙方已充分了解甲方有关股票期权的规章制度，包括但不仅限于《激励计划》《考核管理办法》《考核实施细则》及其他相关规定。

2.乙方承诺不存在下列情况：

（1）最近12个月内被证券交易所认定为不适当人选。

（2）最近12个月内被中国证监会及其派出机构认定为不适当人选。

（3）最近12个月内因重大违法违规行为被中国证监会及其派出机构行政处罚或者采取市场禁入措施。

（4）具有《公司法》规定的不得担任公司董事、高级管理人员情形的。

（5）法律法规规定不得参与上市公司股权激励的。

（6）中国证监会认定的其他情形。

3.乙方将遵守甲方的各种规章制度，切实履行与甲方签订的劳动合同或聘用合同。

4.乙方将遵守国家法律法规及深圳证券交易所颁布的业务规则等，依法持有股票期权，依法行权；在本协议及其他相关法律文件中所提供的资料真实、有效，并对其承担全部法律责任。

5.乙方积极配合甲方向深圳证券交易所、中国证券登记结算有限责任公司深圳分公司等有关机构办理股票期权的登记、行权等相关手续，若因个人原因（如未能在规定时限内提供有关资料或提供的身份证号码、证券账户号码、证券营业部席位代号等信息有误）导致乙方股票期权未能有效登记或行权的，乙方愿意承担相应的经济损失及有关责任。

6.乙方承诺如在《激励计划》实施过程中，出现《激励计划》所规定的不能成为激励对象情形的，自不能成为激励对象年度起将放弃参与本激励计划的权利，并不向甲方主张任何补偿，乙方尚未行权的股票期权由甲方收回并注销。

7.乙方依法承担因股票期权产生的纳税义务。

8.若甲方因信息披露文件中有虚假记载、误导性陈述或者重大遗漏，导致不符合授予权益或行使权益安排的，乙方应当自相关信息披露文件被确认存在虚假记载、误导性陈述或者重大遗漏后，将由股权激励计划及本协议所获得的全部利益返还公司。

第十条　免责条款

……

第十一条　协议与聘用关系

……

第十二条　争议的解决

双方发生争议，本协议已涉及的内容按本协议的约定解决；本协议未涉及的部分，按照甲方关于本次《激励计划》中的有关规定解决；均未涉及的部分，按照国家法律和公平合理原则解决。

甲、乙双方对本协议执行过程中发生的争议应协商解决，协商不成，应提交甲方所在地人民法院诉讼解决。

第十三条　协议的终止

乙方违反本协议有关约定、违反甲方关于股票期权的相关规章制度或者国家法律政策，甲方有权根据具体情况通知乙方终止本协议而不需承担任何责任，自甲方的通知送达乙方之日止，本协议自动终止。

乙方在其获授的股票期权有效期内，均可通知甲方终止本协议，但不得附加任何条件。自乙方的通知送达甲方之日起，本协议自动终止。

第十四条　其他

（一）本协议书经甲乙双方协商后，可以书面方式修改，其他任何方式均不构成对本协议书的修改。

（二）本协议生效后，甲方就《激励计划》《考核管理办法》和《考核实施细则》所作修订适用于本协议，乙方应遵照执行，但甲方新的规章制度不得对乙方享有的股票期权数量、行权条件、行权时间、行权办法等做出显失公平或重大损害乙方利益的变动。

（三）本协议书一式两份，甲、乙双方各执一份，具同等法律效力。

（四）本协议书自甲乙双方签字盖章，并经甲方董事会审议通过权益授出相关议案之日起生效。

甲方：（盖章）

法定代表人或授权代表：（签字）

年　月　日

乙方：（签字）

年　月　日

上述《股票期权授予协议书》较为详细、全面。对于非上市公司而言，类似的授予协议书可以简单一些，主要把"九定模型"的相关内容写得简单明了、无二义性即可。

后　记

快乐期待与诚挚致谢

本书源于我的一门公开课，基于多年的积累，烂熟于心的课程，以及原来的著作《股权激励操盘手册：国内知名企业高管十六年股权激励实践总结》，所以本书的草稿在一个月内就完成了。

写作需要具备"苦行僧"的精神，废寝忘食，别人难以理解为什么要这么苦、这么累，我的回答是："写作让我乐在其中！"

想写这本书，主要基于如下几个原因。

1.百年未有之大变局，股权及股权激励需因应进行升华，以适应企业发展所面临的外部环境。静态股权的形成躺赢层、调整难度高、缺乏前瞻性、影响控制权等缺陷越来越明显；动态股权因其价值匹配性、调整灵活性、环境适应性、发展前瞻性的优势而被重视。

2.现今企业，尤其是民营中小企业面临多层挤压。一是市场变化快而创新能力低；二是人工成本高而企业盈利增长慢；三是企业比较传统的经营模式、管理模式与要求自我的新一代员工。这些内部环境使得企业经营的复杂性增加，不确定性显现。这时候，静态股权显然不能适应企业的需要。

③股权越来越成为企业经营发展的核心资源，如何设计股权架构、如何动态推演股权架构的变化、如何在现金紧缺的状况下吸引保留员工、如何转变员工打工者心态等问题，让无数的创业者甚至部分企业家心焦。为

了给这些创业者排忧解难，也为了给专业人士提供满足实际需求、全面、源自实践第一线的操作案例和方法，作为一个有社会责任心的平凡人士，将自己二十年积累的经验奉献给大家，也是一件很有意义的事！

另外，编辑老师的信任和热情邀请给了我莫大的支持和鼓励。

在本书付梓之际，感谢我的导师林新奇教授为本书作序，大家都是我人生中的贵人。最后感谢20年来无数的客户为我提供的讲学、应用实践股权激励的宝贵机会，也感谢所有的合伙人、合作伙伴提供的支持。

在写作本书的过程中，力求通俗易懂，采用的绝大多数案例源于个人的操作实践，部分案例源于对公开资料的整理。

实践不同于理论，需要考虑企业的实际情况，以及领导、股东的个人理念，希望大家在阅读时能深入思考和品味每一个案例、方案背后的企业实际情况。同时，书中难免有不周、不详、不妥之处，请读者多多赐教！